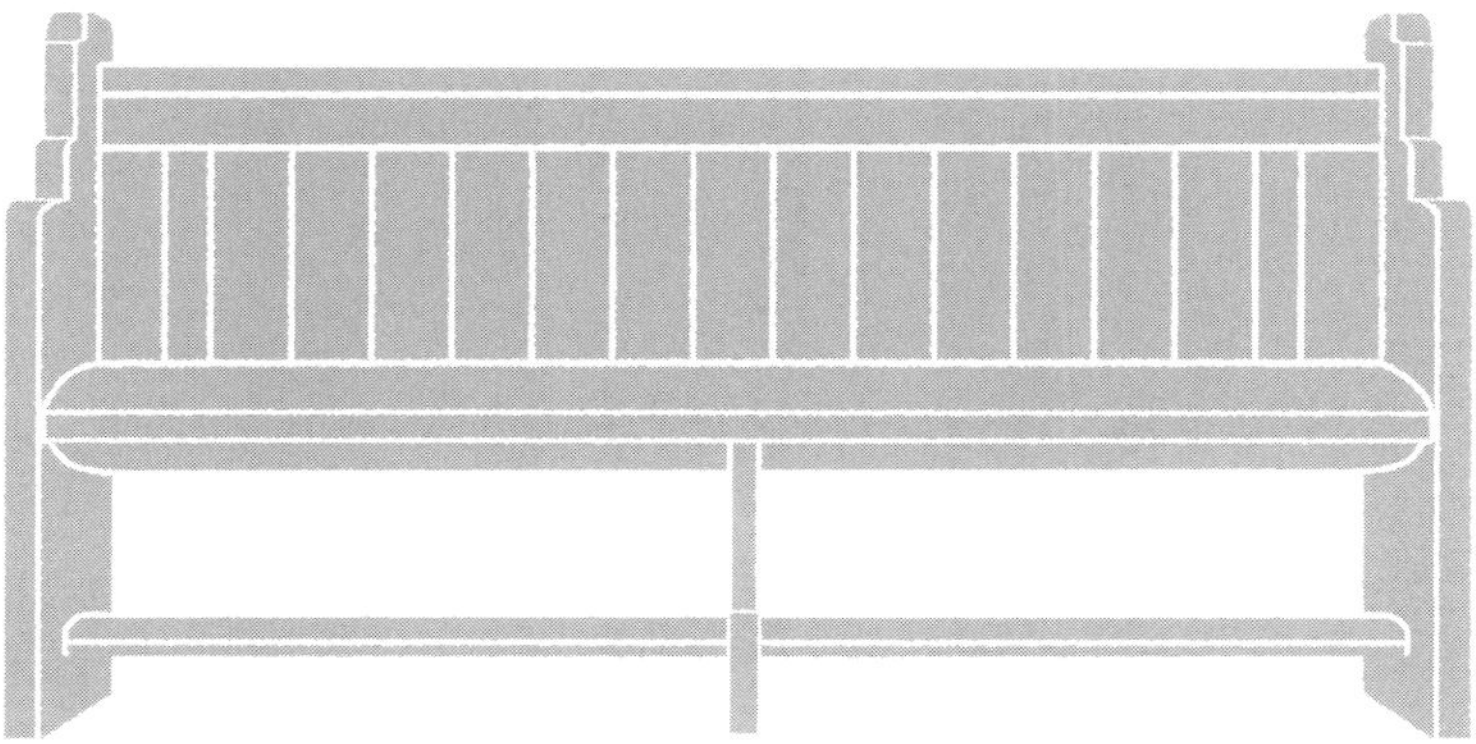

知的障碍者と教会

驚きを与える友人たち

Who's This Sitting in My Pew?
Mentally Handicapped People in the Church
Faith Bowers

フェイス・バウアーズ［著］
片山　寛・加藤英治［訳］

新教出版社

WHO'S THIS SITTING IN MY PEW
Mentally handicapped people in the church
by Faith Bowers

First published 1988
from Triangle/SPCK
London

Translated into Japanese
by Hiroshi Katayama & Eiji Kato
This book is published in Japan
by direct arrangement with SPCK
from Shinkyo Shuppansha
Tokyo
2017

目次

目次

まえがき——知的障碍者の神学に向けて

西南学院大学神学部教授　片山　寛

1

知的障碍者を社会的にどう位置づけたらよいのか、という難問は、近代以降の社会の性格そのものから出て来ているように思われます。つまり近代以降の社会が、基本的には学校教育と結びついた「能力主義」を建前として、職業配分や社会的地位を決定するようになったときに、知的障碍者はどう位置づけたらよいかわからない存在になったのです。

近年は研究書などでは障碍のことを英語で disability ということが多いのですが、それは handicap という言葉が、何度も使われているうちにマイナスのニュアンスを帯びてしまったことと関わっています。このあたりは私たちが日本語で「障害者」という言葉を使いづらくなって、「しょうがい者」「障碍者」などと言い換えることが多いのと似ています。「婦人」を「女性」と言い換えるのと同じで、disability には余計なバイアスがかかっていないからです。しかし disability とは、語義から言えば ability がないということですから、これは露骨に能力主義を前提してしまっている呼び名であるとも思います。

障碍を無能力として捉えることには抵抗がありますが、しかし私たちは近代以降の人間のひとりとして、日常的に、能力主義を意識的・無意識的に前提して、学校でも職場でも暮らしているのです。もちろん、ある特定の身体能力が欠けている場合、私たちはそれがその人の人格や人間としての尊厳を傷つけるものではないことを、少なくとも頭では理解しています。しかしその場合でも、そこで障碍という名前で呼ばれているものが、本当はその人の問題ではなくて、その人をじゅうぶんサポートできないでいる社会の問題であることには、なかなか気づくことができません。とりわけ知的障碍者の存在は、私たちにそのような近代の矛盾を気づかせてくれます。

古代・中世の人々は、能力とは別のことがらを社会の基礎にしていました。それは血のつながりであり、また身分でありました。職業配分は、地縁・血縁や、情実によって決まることが半ば以上当然だったのです。近代がこうした「不合理なもの」を排して、個人の能力によって人間が評価されるシステムをつくりあげたことは、一面では合理的であり良いことでもありましたが、他方では様々な問題をはらむことにもなりました。その結果、個人の能力以外の要素は現実に存在するにもかかわらず、公的なものではなくなり、言わば裏口あるいは暗黙の了解として、政治家の地盤だとか、談合やコネや組織暴力団の世界に蟠踞することになったのです。近年では社会的・国際的な格差拡大により、こうした不合理なものが、古代・中世よりもむしろまかりとおっているとさえ言えるかもしれません。古代・中世には、出自や身分について厳しいルールがあり、それなりの社会的チェックが働いていたと考えられるからです。

このような近代社会においては、知的障碍者は二重・三重に取り残された存在になっています。彼らにも「人権」は認められているのですが、それはただ認められているというだけで、一般社会の中に彼らの位置がないのです。彼らのための「仕事」がない。彼らが発言する「場所」がない。彼らが人間として生きていくライフスタイルが、一般の認知を受けていないのです。

２０１６年7月末の相模原市障害者施設殺傷事件は、多くの人々にショックを与えたのですが、津久井やまゆり園に押し入って無抵抗の障碍者19人を刺殺した犯人は、衆議院議長あての手紙の中で、「障害者は人間としてではなく、動物として生活を過しております」「戦争で未来ある人間が殺されるのはとても悲しく、多くの憎しみを生みますが、障害者を殺すことは不幸を最大まで抑えることができます。今こそ革命を行い、全人類の為に必要不可欠である辛い決断をする時だと考えます」「全人類が心の隅に隠した想いを声に出し、実行する決意を持って行動しました」。などと述べているといいます。これがショックなのは、彼の発言がただ単にナチス・ドイツの知的障碍者に対する「安楽死作戦」の不器用な焼き直しであったからというだけではありません。今日的な状況の中で、同じような考え方が日本社会全体に秘かに広がりつつあることを、多くの人々に直観させたからです。

人間が生きるに値するかしないかを決めることができるのは、他人ではありません。そしてさらに、キリスト教神学の立場から言うと、自分自身でもありません。究極的には神さましかそれを決めることはできないはずです。そしてその神さまは、人間に「生きよ」と言っておられるのです（『エゼキエル書』16章4－6節）。それは神学的なひとつの答えです。それではその神さまは知的障碍者の生にどのような意味があると言っておられるのか。近代の能力主義に対して、神学はどのような別の選択肢を提示することができるのか。それがここでの問題です。

2

神学の歴史の中で、知的障碍と知的障碍者について、ふたつの見解があったと思います。ひとつは西欧中世の哲学者トマス・アクィナス（1225－1274）に代表される見解です。トマスは『神学大全』第3部68問題12項において、障碍者の洗礼の問題を論じています。

トマスはここで、いくつかの条件をつけながらですが、できるかぎり本人や家族の意向を確認しつつ、知的障碍者にも洗礼を施すべきだとしているのですが、その根拠となっているのは、結局、彼らの障碍は「付帯的」per accidens であって、「身体的器官の何らかの妨げ」aliquod impedimentum organi corporalis のせいであるという理由です。付帯的 per accidens とは自体的 per se の反意語で、「本来的なものではない」ということです。彼らは理性そのものが最初からないとか、理性が損なわれているというのではない。人間の魂は本来的に「理性的魂」なのであって、たとえば動物的な「感覚的魂」が障碍者の中にあるわけではないのです。津久井やまゆり園の犯人は、障碍者は「人間としてではなく、動物として生活している」というのですが、トマスによればそんなことはまったくありません。

障碍は後天的なものであって、本来的にはすべての人々が「理性的魂」を持っているというのが、トマスの基本的立場です。それでは「知的な障碍」はどこから来るのか。それは「身体の状態」から来るというのがトマスの答えです。第1部70問題5項では、「肉の柔らかい」「よりよき触覚を持つ」人間がよりよき知性を持っているのだとされています。それは基本的には古代ギリシアの哲学者アリストテレスの『霊魂論』De Animaから来る考え方です。

魂と身体の関係は、形相formaと質料materiaの関係です。それは、両者がひとつの存在esseを共有していることを意味します。そして人間の魂は身体と結びついて事物を認識するようにできているのです。そして魂には本来欠陥はありませんが、身体には欠陥がありえます。なぜ身体の欠陥によって、知性の働きが制限されるのでしょうか。それは、人間の知性は身体の感覚で捉えた「可感的事物」から認識の対象を受け取るようにできているからです。病気や睡眠中には、身体がうまく機能しませんので、認識も妨げられます。健康な場合にも、身体の機能の優劣によって、認識に遅れや誤りが生じます。従って、すべての人がやがてはそうなるのですが、身体を失った死後の魂anima separataは、知的障碍者と同じように、認識を大幅に制限されます。

つまり、厳密に言えば、「精神の障碍」や「精神の薄弱」ということは、トマスにおいてはありえません。障碍はすべて身体によるものなのです。魂は肉体と違って、物体ではなく、質料を持たない形相であり、従ってその本質からいえば不変であり不滅です。言葉上、「精神の障碍・欠如」と言えるものがあるとすると、それは道徳的な「罪」です。第2－2部46問題1、2項によると、障碍としての「愚かさ」と、罪としての「愚かさ」ははっきり区別されなければなりません。

身体の欠陥が親から子へと遺伝される場合があることを、トマスは知っています。しかし、親の罪は子どもには遺伝しません。「遺伝する」とされるのは、「原罪」だけなのですが、原罪は人類に普遍的な状態であって、特定の個人的人格の欠陥ではありません（第2－1部81問題1項）。

以上のように、トマス・アクィナスの見解は、神によって作られた人間は根源的に等しい、という考え方に基づきます。人間の個体差というものは、身体的状況の相違によるものであって、知的障碍者は、ちょうど眠っている状態のように、理性がうまく働かないのだというのです。これは、すべての魂は神の前で根源的に平等だという思想に結びつきます。近代的な「人権」の考え方と似ていますが、存在論的な根拠を持って言われているだけ、より強力な考え方だと思います。

3

近代になると、このような哲学的霊魂論・心身論と結びついた神学的伝統が忘れられます。近代という新しい主観主義・能力主義の時代に、それでも知的障碍者を擁護しようとしたとき、人々は知的障害者にも一種の「能力」を見出そうと努力したのです。それは、障碍者のみが持っている特別な能力でなくてはなりませんでした。たとえば視覚障碍者が非常にしばしば鋭敏な聴覚を持っているように、知的障碍者が持っている特有の能力とは何なのか。それは子どものような無垢の心だと、多くの人々は考えました。知的障碍者を天使のようだと形容する「善意」の人々の傾向は、このことと結びついています。このフェイス・バウアースの著書にもそのような「善意」の司祭が出てきますが、それは知的障碍者の親や友人を喜ばせるのではなく、かえってしばしば絶望させます（本書110ページ参照）。

それは何らかの意味で、障碍者を聖なる存在にしようと努力しており、その点で善意の発言には違いないのですが、等身大の知的障碍者をあるがままで人間として受け入れようとはしていません。そこでは障碍者は、苦難を背負った悲劇的な人間とされ、十字架のイエス・キリストになぞらえられたりもします。ここには深い問題があります。知的障碍者は「無垢」な、子どもの心を持っていなければならないのでしょうか。十字架の苦しみを、焼き印として身に帯びていなければならないのでしょうか。確かにそのような生き方を選びとった方もおられると思います。しかしそもそも彼らの障碍は、苦悩であり十字架なのでしょうか。最近、障碍者がけなげに頑張る姿をことさらに強調して、お涙ちょうだいのお話にしたテレビ番組が、障碍者の団体から「感動ポルノ」だと批判されました。こうした番組は障碍者に対する好意の現れには違いないのですが、どこか恩着せがましくもあり、何か隠れた障碍者差別の裏返しのようなところがあるのです。現代において知的障碍者を擁護して語ることには、特有の難しさがあるように思います。

近現代の神学者の中で、こうした現代人の傾向とはっきり袂を分かつ発言をしているのは、カール・バルト（1886－1968）です。バルトは聖化された人間を、ただイエス・キリストのみに見ており、その他のいわゆる「聖人」たちを認めません。教会も祭具も儀式も、このイエス・キリストを指し示すということを抜きにしては、それ自体何ら聖なるものではありません。知的障碍者は、障碍を持つからといって聖なる人ではなく、ひとりの人間として神の恵みの選びのもとにあるとされます。ひとりの人間として神の前に立ち、イエス・キリストを信仰によって指し示す、ということにおいて、知的障碍者もその他の人々も何の変わりもありません。この信仰も、本質的には人間の「能力」ではなく神の力です。

バルトにおいては、人間の信仰は、信仰の「客体的な事体」であるイエス・キリストによって起きます。その限り、信仰は知的障碍者のみならずすべての人間にとって必然的です。知的障碍者は信仰告白を言葉で言い表せないから信仰がない、という考え方はここにはありません。近代の能力主義は、信仰というキリストの出来事を梃子にして相対化されています。その意味では、他の人々がその人の「信仰告白」を聞き取るとは、告白する人の告白（表現）能力を判断するというよりもむしろ、その人において生きているキリストを見ることとです。

知的障碍者が、近代的価値観の中では「無力さ」としか見えぬような姿を生きていることもまた、「生きた証《あかし》」です。それはすべての知的障碍者が等しく持っているものとは言えません。しかししばしば私たちは彼らの中に、この生きた証としての「魅力的単純さ」と「他者の存在を迎え入れる感覚」を見出します。そこにおいてこそ、イエス・キリストにおける「神自身の力」が「映し出されている」のです。だとすると、知的障碍者がその障碍のゆえに、また近代社会のゆえに、いわれない差別や苦しみを蒙りながらも力強く生きていることそれ自体が、信仰告白です。それは彼らの個人的能力とは言えませんが、少なくとも彼らの社会的独自性です。この「信仰告白」を聞き取ることは、教会の共同性の中で起こります。それは、教会が「神の選び」を証言する集団であるからです。

カール・バルトの神学については、私は、本書の共訳者であり、解説も書いている加藤英治氏の研究に負うところが大きいのですが、加藤さんはバルトの神学的主張を次のように要約しています。バプテスマを受ける者と教会の共同的信仰は、誰か特定の人間だけに必要なものではなく、すべての人に必要なものとして与えられ、命じられている。それは、「『神の選び』が単なる『個人の選び』ではなく、『イスラエルと教会の選び』を通して、すべてのひとりひとりの選びであるから」である。「個人」と「ひとりひとり」を区別すること。そして単なる個人ではなく、共同体の中にあるひとりひとりを大事にすること。私はこの中に、知的障碍者を社会的・神学的にいかに位置づけるべきか、という今日的難問への答えが示唆されているように思います。

4

知的障碍者をめぐる現代の思想運動の中で、私にとって最も力強いと思われるのは、「ノーマライゼーション」という考え方です。これは、スウェーデンの社会福祉活動家ベンクト・ニィリエによって提唱された知的障碍者のための諸活動の指針で、彼らの住居や教育や労働や余暇など生活全般にわたる条件を、可能な限り障碍のない人と同じようにすることを目指すものです。ニィリエは、この原理には具体的に8つの構成要素があると述べています。①1日のノーマルなリズム、②1週間のノーマルなリズム、③1年のノーマルなリズム、④ライフサイクルにおけるノーマルな発達的経験、⑤ノーマルな個人の尊厳と自己決定、⑥その文化におけるノーマルな性的関係、⑦ノーマルな経済水準とそれを得る権利、⑧ノーマルな環境形態と水準です。

デンマークやスウェーデンなど社会福祉における先進国でも、1960年代までは、知的障碍者は入所施設に収容されるのが一般的でした。今は各国ともだいぶ改善されていますが、当時の施設は、障碍者を受刑者のようにただ収容しているだけという劣悪なものが多く、問題が山積していました。家族と離れて、辺鄙な土地に数百人も集団で住まわされて、授業やレクリエーションなどもなく、一日中ただ食事の時間を待っているというような施設が当たり前だったのです、そこに入れられるのを、障碍者本人も嫌がりましたし、家族も、当時は他に選択肢がなかったとはいえ、つらい思いをしました。

「ノーマライゼーション」というのは、そのような状況を改め、知的障碍者にも「ノーマル」な生活環境を提供すべきだという考え方です。具体的には町中の、人々が生活している近所に、少人数のグループホームをつくって共同生活をするという形態を提案しています。ここでは比較的、外出の自由などもあり、入所者が助け合って生活しますから、思ったほどは費用もかかりません。福祉作業所などの仕事場に通うこともできますし、日曜日は教会に行くこともできます。そこには様々な困難もありますが、本書によれば、キリスト教会は、彼らを受け入れた社会が将来、具体的にどういう姿をとりうるのかについてのよき実験場でありうるように思われます。

この運動は日本ではまだ立ち遅れており、「ノーマライゼーション」という掛け声も知的障碍者の福祉の充実のためというより、家族や地域に介護負担を押しつけて国の福祉予算を削るための口実に使われているのではないのか、と疑いたくなるような寒い現状ですが、北欧や英国などでは積極的に取り組まれており、かなりの成果をあげているようです。その成果の一端は、本書からも読み取ることができます。

知的障碍者が「ノーマル」な生活をすべきだというのは、単に、彼らに快適な豊かな暮らしを提供するべきだという意味ではありません。大勢の健常者にとって「ノーマル」（？）な、競争社会の悲しむべき状況を、彼らにも適用すべきだと言っているのでもありません。むしろそれは、彼らが私たちの共同社会の当然の一員として役割を担っており、彼らの意見や意向が他の人々に必要なものとして認識されており、彼らの人権が大切にされているべきだということです。それは私たちの共同社会の「ひとりひとり」にとって、願わしい状態なのです。その意味では、「ノーマライゼーション」は、人間にとって「ノーマル」とはどういう状態なのかについての開かれた問いを、内に含んだものだと思います。

本書が、そのようなよき問いかけに対する答え、あるいはそれへの示唆を提供するものでありますように。

知的障碍者と教会

リチャードに

はじめに

この本に出てくる障碍を持つ人々は実在します。これらの人々が本当に実在しているということを、他の人たちが理解してくれることを願って、自分たちの物語を私に教えてくださった多くの友に、心から感謝します。

とりわけ私は、ブライアン・アスティル、ジョイス・ビーク、アイリーン・ベビントン、デヴィッド・クラーク、バーバラ・クロー、トライシャ・デイル、マーガレット・グリフィッス、ジュディー・マーティン、そしてスーザン・ライトに多くの助力を感謝します。また、アーネスト・ブレイドンとオードリー・サンダースに、自分自身の経験を語ってくれただけでなく、他の人々の話を集めてくださったことで感謝します。他にも材料を提供してくださった方は大勢おられるのですが、そのほとんどは、自身が特定され、したがってその家族も特定されるのを望まれませんでした。でもその方々に感謝します。

何よりも私は、息子のリチャードに感謝します。彼の存在は私がこれを書く励みになりましたし、内容の多くを提供してくれました。彼の助けなしには、この本は書けませんでした。そして彼は、自分の名前がこの中に出て来るのを楽しみにしています。

第1章　知的障碍の状況は変わってきた

「こんにちはキース、僕も大学生です」。リチャードは、遠くの大学に通う兄に、満足そうに手紙を書きました。リチャードは、家から数マイルのところにある工科大学で教育コースを受け始めたばかりだったのです。

リチャードは、「ダウン症」としてよく知られた遺伝子病のために、知的障碍を負っています。両親である私たちにとって驚くべきことは、様々な厳しい制限にもかかわらず、自分がどんなに学ぶ力があるかを、彼自身が証明し続けているということです。リチャードが短い手紙を書くということ自体、私たち両親が10年前には考えられもしなかったことなのです。書くことは多少骨が折れるので、彼はふつうは好んで電話を使うのですが、クリスマスに何通もの同じような感謝の手紙を書く必要に迫られて、父親のコンピューターを借りられないか頼みました。彼はそのコンピューターについても、最大限の努力で使いこなしました。「親愛なる――」で始まる全部の手紙が完成して、後は名前とプレゼントを記入しさえすればよくなりました。

工科大学のコースは、主としてこのような生徒が自立の度合いを高めるために設計されました。

リチャードは片道ふたつの列車を乗り継いで、ひとりで通いました。それまで何年も、家と学校の間をドアからドアへ連れて行ってもらうというふうに保護されてきた子どもが、いきなりロンドンへの通勤者に成長したというわけなのです。彼はこのことを驚くほど問題なく成し遂げ、この毎日の成果に大きな喜びを感じていました。鉄道の職員たちは彼のことを親切な偏見のない目で見てくれていて、私に「彼の自信と能力が向上するのを見て喜んでいる」と話してくれました。

リチャードは１９６９年生まれです。１９７０年に知的障碍を持つ子どもたちの「教育法」が成立する直前です。この法律は、重い知的障碍を持つ子どもたちにも教育が提供されなければならないことを定めました。かれらは、最も遅れてですが、教育制度の中へ入ってきたのです。生活訓練センターに替わって、適切な能力を持つ教師たちのいる特別な学校が設置されました。

リチャードが学齢に達するまでに、教育は「権利」として確立されました。彼が兄と同じように幼児のクラスや学校に日常的に落ち着くのを見るのは、私たち両親にとって大きなことでした。もっともクラスの進み具合はゆっくりで、一番の違いはクラスの小ささでした。

これらの学校の成果として、何人かの子どもたちにはさらに上の適切な教育が有益であるということが明らかになったので、それに見合ったコースが設立されました。それでリチャードは、学童から生徒へと進んだのです。

リチャードが新生児のときに医師から言われたことは、彼はそのうちに訓練の成果として、自分で洗たくをしたり、着替えをしたり、食事をすることができるようになるだろうということでした。「彼は、そもそも考えることができるようになるでしょうか」と私は尋ねました。それは場違いな問いでした。医師は答えようとしなかったのです。落胆させまいとしてのことだったと思います。それほどに最近まで、小児科医は、ダウン症の多くの子どもたちがどれだけ多くのことができるかについて、ほとんど知らなかったのです。

知的障碍と聞いて、あなたの頭にはどんなイメージが浮かびますか。

それは、あなたの経験によって違ってきます。しかし、ほとんどの人は、知的障碍を持つ人たちと親しい個人的な関係を持ったことがありません。おそらくあなたが描くイメージは、自分の体をほとんどコントロールできず、周囲のことがほとんどわからないような悲劇的な人についてのものでしょう。残念なことに、そんな方もいます。しかし、知的障碍の範囲は大変広いのです。多くの人たちは、厳しい限界にもかかわらず、驚くほど充実した人生を生きることができます。かれらのニードを満たす施策が変われば、将来、もっと多くの知的障碍を持つ人々が、私たちを驚かすような仕方で通常の社会生活を送るのを見ることを、期待できるでしょう。

私の友人は、彼女の息子が、うまくいってもきちんと座ったり話をしたりはできないだろうと言われました。あるとき私は、その息子さんがスクールバスの階段を降りるのを、友人が手助けしているのを見ました。その子は母親と道を歩きながら、一日の出来事を母親に話していました。彼の足取りはぎこちなく、彼の言葉は限られています。でも彼は、他の人が考えるよりも、はるかにいきいきと生きているのです。母親は、考えもしなかったいろいろな苦労について笑って話してくれました。たとえば、息子が11歳のときに兄弟の下着に歯磨き粉をつけてお風呂を磨いたとかです。彼女は私なら理解するだろうとわかっていました。事実、私はリチャードと共に生きることがずっと楽になりました。

新しい世代の知的障碍を持つ若者たちが、学校教育の中から現れています。かれらにとって、「訓練から教育へ」という変化は、期待の高まりとより大きな成果を意味していました。両親は、赤ん坊の早い時期から障碍を持つ子どもたちに刺激を与えることについて、より多くの助力と指導を受けています。学校では、訓練された教師たちが子どもたちの心を伸ばし続けています。知能がより高くなることはなくても、自らの可能性・潜在能力を十分に知ることはできるのです。

地域的なケア

国の政策が劇的に変わったのは、教育においてだけではありません。重い障碍を持つ子どもたちの家族が、家から遠く離れた特別な施設に子どもを入れるよう勧められるというようなことは、もはやなくなりました。百年前にはこのような施設は人道的な設備であり、クリスチャンは「精薄児施設」を作ることにおいて先導的でした。その後継施設である多くの「通常でない人の療育院」は、安全で快適な環境を提供する点で良いものでした。他のところはあまり良くなくて、その劣悪な条件が数年前に新聞で報道されると、広く抗議の叫びが起こりました。

今や政府の政策は、子どもたちが家庭に住むことができない場合、そのような療育院に入れるのではなく、より小さな単位の施設を提供することです。さらに、長年の間、大きな、またしばしば街から離れた施設で暮らしてきた人々も、より小さなグループホームやホステルなどに移されつつあります。このプロセスは迅速に起こっています。たとえばケント州のある療育院には、最近まで千人を超える居住者がいました。１９８６年の終わりにはたった50人が残され、そしてこの療育院は１９９４年には閉鎖される予定です。このようなことが今や全国各地ですすめられているのです。最初に療育院から出てくるのは、比較的能力の高い人々です。私たちは、なぜ今までかれらが社会から締め出されていたのか、不思議に思うでしょう。それでも、何年も社会から締め出されていた人々が出て来ることで、その経過は多くの者にとって痛みを伴うものとなるでしょう。このプロセスが障碍がより重い人たちに進むにつれて、それはより困難になるでしょう。

地域的ケアは先進的な政策です。しかし、それは多くの問題を抱えています。特に、変化というものが、良い意図をもってではありますが、限られた人材や財源でもってなされる移行期にはそうです。それは、大きく社会全体に新しい要求を起こします。しかしうまくすれば、新しいケアの方法は、長い「施設暮らし」の成人のために、その生をよりよく変えることができます。

トムは17年間療育院で暮らしてきました。３年前に彼は「地域で暮らすプロジェクト」に委ねられました。看護スタッフたちは、トムの「重い発作的行動」は、彼が過ごしてきた環境によるところが大きいと考え、したがって、彼は新しい生活を送ることができると信じたのです。彼は公的教育をまったく受けたことがなく、療育院を去ることでとても不安を感じていました。

3人のほかの人たちと一緒に、トムはスタッフ付の家に移りました。最初は療育院の敷地の一角で、次には町中の家に日常的に住むことになったのです。彼は多くの新しい能力を身につけました。料理、そうじ、洗たく、買い物、そして道を渡ること。今彼は週1回地域の園芸センターで働いており、彼の上司はそれを2回にしてほしいと願っています。

療育院を出てから、トムの能力と技能は飛躍的に向上したので、今はもっと少ない介護で暮らすことや、自分で生活費を稼ぐことも考えられるようになりました。トムの父親はこう述懐しています。「私は息子を誇りに思います。こんなことが可能なんて、思いもしませんでした」。

地域社会の一員

もっと重度の、しばしば多重障碍を持っている人たちについては、ひきつづき考える必要がありましょう。この人たちはこれからも、かれらをケアする人々と、そしておそらくかれらを助けるために足を運ぶわずかな友人にだけ知られていることになるでしょう。

それ以外の知的に障碍を持つ人たち――その中には「健常」からほんの少しだけ「遅い」人々

があり、またかなり重い人々もおり、その他すべての人々はその間に入ります――その人たちは、将来はもっと私たちの周りに見られるようになるでしょう。かれらは商店や公共交通や、さらには図書館も利用するでしょう。かれらは喫茶店やスーパーで働き、地域のパブの常連となるでしょう。そして、かれらは地域の私たちの教会に来るでしょう。

私たちは、この新しい隣人を歓迎するでしょうか。私たちには、必要な時に手助けし、励ます用意があるでしょうか。それとも、私たちは好奇心でかれらを見て、不快なことがあると背を向けてしまうのでしょうか。私たちはかれらをコミュニティの一員として受け入れるでしょうか。

私たちは知的障碍を持つ人たちについての考え方を見直し、修正する必要があります。かれらはみんな違うのですから、一般化することは困難です。しかし、かれらは障碍を持っていない私たちとそんなに違うわけではありません。かれらは、多くの基本的な必要と感情と喜びとを私たちと共有しています。

多くの人たちは、本当に思考することができるのです。かれらは良い記憶力を持ち、複数の事柄を考え合わせる力を持っています。多くの人たちは抽象的な概念を用いることはできず、その思考の過程はゆっくりですが、自分の経験した範囲のことは考えることができます。多くの人が多くの種類のことを上手に身につけることができます。習得するのが遅いだけです。

ほかの人たちが許してくれるならば、知的障碍を持つ人たちには、地域社会に溶け込み、より充実した生活を送るさらに良いチャンスがあるのです。それは「新規定住プログラム」に加わったジョージ、ブレンダそしてテリーのような人々です。

　ジョージは14歳から58歳まで療育院で暮らしてきました。時折激しい発作がありましたが、全般的には愛想の良い性格で、好かれていました。彼は最初、療育院を出て家族と暮らすことや、自分の姉と再び関わりを持つことについて、非常に心配していました。しかし彼は介護ファミリーの中に良く定着し、その3人の子どもたちを愛し、かれらに対していつも穏やかでした。また彼は地域のクラブで多くの友人を作りました。ジョージはとても幸せに感じたので、障碍を持つ自分の兄弟を、そのプロジェクトに紹介しました。ふたりは関わりを持っていたいと願いましたが、一緒には住みませんでした。お姉さんがふたりを定期的に訪ねてくれています。

　ブレンダは、父親が死んで、母親が家族を養うために働きに出なければならなくなって、療育院に来ました。その時彼女は11歳でした。家族関係を失ったことで、ブレンダはとても独占欲の強い人になり、療育院のほかの住人から食べ物やお金をよく盗みました。介護スタッフと共に生活するために療育院を出たとき、彼女は55歳でした。その時からは一度も盗むということは起こりませんでした。最初彼女は、介護者が別の人と話しているとやきもちをやきました。それは理解できることです。ブレンダ自身が安定すればするほど、彼女の他の人々との関係は正常になりました。彼女は家事の能力を多く身につけましたし、療育院を出て半年後には美術のクラスに入っています。

　テリーは療育院で31年過ごしました。元気の良い社交的な性格で、言葉は不明瞭でしたが、彼の笑顔は多くのことを語ってくれました。テリーはケアハウスに移ってすぐに、他の同居人たちにお茶を入れてあげる主任になりました。彼はとても愉快な人でしたが、療育院やそのプログラム以外では家族や友人がまったくいませんでした。彼は「人と人プログラム」に委ねられました。そこでは、テリーを自分の家族に迎え入れてくれる家族を募集し、訓練するのです。応募してきた人たちをよりよく知ってから、彼はその家族と一緒に暮らすか、それともケアハウスに残るかを決めます。人生の中で初めて、テリーはどこで生きるかを本当に選択することになります。

社会にあって愛と奉仕のセンターである教会は、このような知的障碍を持つ人々のニードについて敏感でなければなりません。クリスチャンは、イエスがかれらを愛しておられることを疑いません。「私の近くにはそういう人はいません」と決めてかかってはいけません。きっといます。かれらのために、私たちはキリストの道具になれるのです。

第2章　教会へのチャレンジ

リチャードはいとこと一緒に泳ぎに出かけました。そのプールは、いつも行く所ではありませんでした。ふたりは20分間競争したり、水中で拾いっこなどをしたりした後、休んでおしゃべりしました。そのとき監視員の交代があったのです。新しい監視員の女性はリチャードを見て、きっとこう思ったのでしょう。「ダウン症の人がここで何をしているの」。それで、その人はリチャードに浅いプールに移るように言ったのです。

彼女は、リチャードが泳げるかどうか尋ねもしませんでしたし、よく小学生と間違えられる小柄な年下のいとこには、まったく何の制限もしませんでした。リチャードに彼の実力を見せるようにさせれば、公平だったでしょう。しかし彼女は、リチャードには力がないと勝手に考えて、これらのことをふたりに対して同じようにはしなかったのです。

実を言うと、リチャードは小さい頃から熱心に水泳をしていて、「かっこいい」と言うにはちょっとバタつくのですが、とても力強いクロールで泳ぐのです。

幸い私たちは、リチャードに対するそんな態度にそうそう出くわすことはありませんが、偏見は周りにけっこうあって、障碍を持つ人々が「地域社会で堂々と生きる」ためのさらなる問題を示しているのです。

クリスチャンも偏見や先入観から免れているわけではなく、個々人ができることを確かめもせず、不必要な制限を加えてしまう可能性が十分あります。

世論に影響を与えること

長年の間、重い知的障碍を持つ人々を、社会で見かけることはほとんどありませんでした。あちらこちらにひとり、またひとりと家にいて、近所には知られていましたが、大部分は、町なかから大抵遠く離れた特別の施設で世話されてきたのです。地域社会でのケアという運動が、それを変えました。多くの人たちが目にとまるようになりましたが、かれらは必ずしも歓迎されていません。

遠い過去には、「村の阿呆」village idiot はよく知られていて寛大に扱われ、子どもたちにからかわれはするものの、しばしば地域社会で有益な役割を果たしていました。書物の中に、そういう人がよく出て来ます。『ウェイヴァリー』の中でウォルター・スコットは、そのような人を描いています。その人物は、その奇妙な振る舞いにもかかわらず、ブラドワーディン男爵に役立つ者として仕えていて、親切に遇せられていたのでした。

デイヴィッド・ゲラトリーは、見たところ正直に言って半ば気が違った阿呆（half-crazed simpleton）のようであり、恒常的かつ適切に動くことはできなかった。彼は、狂気の風が吹かないときだけ保たれているような健全さや、「白痴」とまでの悪評からは救われる程度のおおまかな知性しか持っていなかった。彼にあったのは、野外競技におけるちょっとした器用さ、自分になついた動物たちを世話するときの深い思いやりと人間性、温かな情愛、驚異的な記憶力、そして音楽を聴き取る耳だった。

地域社会ケアは、デイヴィッド・ゲラトリーにとってはうまく機能していました。そしてそれは、今日の現実生活においても、社会がかれらの特異な点を受け入れその能力を評価しさえすれば、多くの者にとってよく機能することが可能なのです。

精神疾患との混同

ウォルター・スコットはデイヴィッドを「半ば気が違った阿呆」として描いています。あまりにしばしば知的障碍と「精神病」との混同があります。両方ともが、ひとりの人に起こり得ますが、両者は違うものですし、たいていは同時には起こりません。身体的な比喩が助けになるでしょう。「目が不自由なこと」は身体障碍であり、肺炎は身体の病気です。このどちらかを負っている人々に対する私たちの態度は、とても違います。それなのに、人々は知的障碍と精神病を取り違え、そのことはこの人々にとって妨げとなっています。このよくある誤解は、宗教家の多くも含め、人よりよく知っていてしかるべき人々にすら影響を与えています。

知的障碍と精神病が混同されがちなのは、地域社会ケア政策が近年両者に適用されているからです。私の住所の地方紙に昨年出た記事は、知的障碍を持つ３人の成人のためにグループホームを設立するプロジェクトについて、共感的に報じました。その基金を求めるアピールとして、記者は真摯にではありましたが、しかし見当違いにも、「私たちのだれひとり、家族の一員や親友が精神病を患うことがないとは言えない」と述べていました。

荒っぽい定義として、精神病は、どんなに知能が高い人でもかかり得ます。そして、病気ですから治療が可能であり、しばしば治ります。知的障碍というのは、脳の機能がもともと限られており、「健常な」発達が十分できないことです。これにはいろいろな原因があり得ます。遺伝子の異常、出生時やそれ以後の身体的損傷、生化学的異常、あるいはある種の病気などです。このような損傷は「治る」ということがありません。障碍はいつまでも残るのです。できることは、その人ができる限り成長し発展していくのを助けることだけです。

境界線がそれほど明確でない場合があります。例えば自閉症は、重い心理的な混乱を伴って障碍を引き起こします。他にも、「半ば気が違った」というよりも、もっと奇妙な行動を引き起こす知的障碍もあるかもしれません。しかし、全般的に言って精神病と知的障碍とは区別できますし、違うものです。

不思議な論理

多くの知的障碍を持つ人々は快活で、調和が取れた性格です。かれらの思考は、限られた経験や理解に基づいているために、その思考プロセスはゆっくりであり、その論理についていくのに困難を覚えますが、それでも静かにそして論理的に動いているのです。

時に、私たち両親でもリチャードが話していることをとても把握しづらいことがあります。それは、彼の言葉遣いが不完全なためではなく、むしろただ私たちが彼の頭の動きについて行けないことによるのです。後になってそれができたとき、私たちは彼の考えと言葉の関連を理解できます。それは彼にとってあまりにも明白なために、わざわざ言う必要もないことなのです。

困難のひとつは、リチャードが優れた記憶力を持っていながら、過去の時間に対するぼんやりした観念しか持っていないことにあります。彼は登れそうな木を見かけると、時折「お母さん、覚えてる?」という言葉をはさみながら、とりとめのない長話を始めるかもしれません。その時彼の頭の中には、前の休日にいとこが木の茂みの中に隠れていたことがあるかもしれません。あるいは、数年前に彼のおばさんがサルのまねをして子どもたちを楽しませてくれたことがあるかもしれません。あるいはまた、教会学校でザアカイの話を聞いたことがあるかもしれません。

それを判断するのは、彼をあまり親しく知らない人にはさらに難しくなります。リチャードは最近、「エディンバラ・アワード」〔英国エディンバラ公によって設立された青少年育成プログラム。巻末注15を参照〕のための活動として切手のコレクションをしました。審査員は彼に、どうやって収集したのか尋ねました。すると彼は「ぼくは教会へ行っています」と答えたのです。断絶。審査員は、リチャードが質問を理解していないと思ったことでしょう。あるいは、彼はとても神経質で、いちいちの行動を神に祈って報告しなければならないと思っているのかもしれない、と。幸い父親がそこにいたのでリチャードをうながして、教会の友だちが数人、彼のために切手を集めてくれて、いつも日曜日には新しいのを切手コレクションのために持って帰ることができたのだと、説明させてくれました。彼の最初の答えは本当のことを言っていました。でも、適切ではなかったのです。

人々の恐れ

無知と誤解は恐れを育てます。福祉団体が町なかにある家を買って知的障碍者のために使おうとしているといううわさが広まると、その近隣の人たちは不安になります。子どもたちの安全が脅かされるのではないか、道沿いの家の値段はどうなるのだろう。うわさが広まるにつれて、それは尾ひれがついて誇張されます。

この段階になると、責任感のある人、おそらくはクリスチャンとかが人々を抑制します。

たとえばオーエン夫人が、友人とコーヒーを飲みながらこう言います。「確かにいろいろな問題があるでしょうね。でも、かれらについてもっと知るべきじゃないかしら。誰か相談できる人がいるでしょうよ。あなたの友だちで地域の看護師の人がいたでしょう。彼女にどなたか紹介してもらいましょう。もしあの人たちが危険な性異常者や物を壊して歩くような人たちだったら、療育院が外には出さないでしょうよ。かれらにも公平なチャンスを与えるべきだわ」。

こうした解決は慎重に計画されねばなりません。責任あるソーシャルワーカーが近隣の人たちに話すでしょう。おそらく街角の教会によってミーティングが計画され、行われるでしょう。オーエン夫人と友人は将来の隣人たちを友好的に訪ねて、かれらのことを知ります。こうして一騒ぎの後に、かれらが友人として移り住む手助けとなるでしょう。

悲しむべきことに、事はいつもそんなふうに進むわけではありません。住民連合がマスコミの支持を得て、抗議行動を組織したことが知れわたります。近所の者たちは、福祉団体に家を売るのを断るでしょう。こうして、新しく来る者は、ひどく歓迎されていないと感じさせられるのです。その地域が快適で、「高級な」所であればあるほど、受け入れは難しくなるでしょう。たとえあるグループが一定期間そこに定着し、地域の一部になっているように見えたとしても、ちょっとした遺恨の感情が復活することがあります。

ジャックは30歳くらいです。彼の眼鏡の奥の目は、遠くをぼんやりと見ています。でも彼の外見と歩き方は、彼が障碍者だということが他人にすぐわかるほど変な感じではありません。彼は近くの教会のどの行事にも忠実に出席しているので、ある時、彼が収穫感謝祭の食事会に現れなかったのを教会の友人が心配して見に行きました。すると、午後4時ごろのことですが、ジャックが通りの店の外でぶちのめされていたのです。お金は盗まれませんでしたが、直前に何人かの若者たちが彼に殴りかかり、顔を傷つけ、ひどく動揺させて立ち去ったところでした。かれらはバスに飛び乗って逃げてしまいました。ホームの付き添いは頑健な若い男性でしたが、誰かがおとなしいジャックにこんなひどいことをしたということに、われを忘れるほど怒りました。このことは教会にもショックを与えました。地域の人々はジャックとその仲間たちに好意を持っていましたし、自分たちはおおむねかれらをよく受け入れていると思っていたからです。

それから間もなく、友の会がホームを支援するために設立されました。国会議員が理事長となって、その発会式が教会のホールで行われました。主だった市民やソーシャルワーカーたちは、ホームの住人が幾人か姿を見せたので、驚きました。そこにいた教会の友人たちは、静かに喜んでいました。この住人たちはみんな、定期的に礼拝に来ていて、教会の敷地でのあらゆる集会に堂々と来ていたのです。

友の会は順調に進みましたが、援助のために労を惜しまないと思っていた人たちでさえ、はなはだしく態度が配慮に欠けるということがありうるのです。他の団体で、地域の課題を話し合うための集会が行われていました。その課題の中には、知的障碍のある若い人たちがクラブ活動に行くための交通手段のことも含まれていたのですが、その集会後に、ひとりの父親がこんな発言をもれ聞いて、ひどく心を傷つけられたのです。「今度の月曜日、気ちがいの旅行について行くよ」(1)。

地域ケアは、社会におけるすべての奉仕団体にチャレンジを与えます。それは教会だけではありません。教会は、その地域における障碍を持つ人々のことを知っていなければならず、人々の無意識になされた反応を、キリスト教信仰の価値観に照らして十分吟味しなければなりません。もし表立った反対があるならば、教会は抑圧された者たちのためにはっきりと弁護して語る必要があるでしょう。

状態を説明する

リチャードの先生は、彼女が受け持っている生徒たちのために、1週間の労働体験を計画し、調整していました。電話で地域の会社に対して、かれらが「学習上の困難」を持っていると説明します。彼女がリチャードを面接に連れて行ったとき、人事担当者と経営者は明らかにうろたえた様子でした。「学習上の困難」という言葉は、彼らにとって、「ダウン症」という知的障碍像を正しく伝えるものではなかったのです。

専門用語には、確かに問題があります。その分野で働く専門家たちは、良かれと思って「受け入れやすい」言葉に言い換えますが、それが大変な混乱の元なのです。言葉というものは、使い古していくうちに、あまりにも問題の多い意味を持つことがあるのです。「あほう idiot」とか「ばか imbecile」というのは、ヴィクトリア時代の評価語で、比較的最近まで残ったものですが、日常の使い方では、とうの昔に元来の区分が失われてしまいました。「白痴 cretin」という呼び名は、元々甲状腺不全で身体的・知的障碍を持つ人々につけられた言葉ですが、実はそれはフランス語の「クリスチャン」から取られたもので、こうした病人も人間なのだということを強調していたのです。知能の働きが弱いことを専門的に表現する言葉は皆、より一般的で侮蔑的な意味を持つようになる傾向があります。その変化は残念なことに、現代においては決まって、単純な単語からまわりくどい言い回しへと移っていきます。私は、「私のダウン症の息子」という表現が、「私のモンゴル人の息子」と言われるその理由はわかります。でもそれはひどい言葉です。今では、「特殊なニード」や「重い学習障碍」また「知的損傷」という言葉がもっぱら使われています。専門家は吟味された言葉を使うべきです。

障碍を持つ子どもの両親は、おそらく一般人の考え方がよくわかっているために、聞き手が障碍者のことをよく知っているのでない限りは、現代の専門用語のように痛みを伴う真実を覆い隠すような婉曲表現を使うことを好まないことがよくあります。私が知っていることで言えば、私の友人の息子は失語症で10歳まで読むことができませんでしたが、今は優秀な成績です。彼も専門用語では「重い学習障碍」だったのです。でも、その障碍像はリチャードとまったく違うものでした。

この理由から、人によっては賛成しないかもしれませんが、私は原則として知的障碍 mentally handicapped という言葉を使います。それならだれでも理解できますし、明確で率直で、特に悪意を含むような意味合いがないからです。

言葉の問題よりも、態度のほうがもっと大切です。

最近私は、リチャードを若者たちの集まりに送っていきました。そこでは彼だけが障碍者です。見ていると、彼はひとりの女の子と笑いあって話していました。彼が何か言うと、彼女は親しみをこめて彼を押しながら、笑ってこう言ったのです。「あなたって馬鹿ね」。

彼女が、そのほかのだれにでも言うようにリチャードにそう言えたということは、その場では「共に生きる」ということが本当によくなされていたことを示していると思うのです。

かれらは本当はどんな人たちか?

メイジー・オーウェンとジル・ディーンは近所にホームができるので、将来の隣人たちと会うために療育院に出かけました。ふたりはそのとき、どんなことが起こるかについて、よくわかっていませんでした。恐る恐るでした。「とんでもないとふたりが思ったとしたら、その気持ちを隠すことができるだろうか」「会話は可能なのだろうか」。車が療育院の玄関に付くまで、ふたりは引き返して逃げたいという思いにさらされました。

ソーシャルワーカーのテスがふたりを迎え、まず、奇妙な外見の人々がいっぱいの部屋へ案内しました。何人かは車椅子に沈み込んでいて、多くの人がへんな体つきをしていました。何人かが一緒にあいさつして尋ねました。「あなたがたはだあれ? あなたがたはだあれ?」他の人たちはふたりを無視しているようでした。ジムは座って、テレビを見ていました。ピーターとビルは、スヌーカー〔ビリヤードの一種。英国では人気が高い〕を部屋の片隅でしているようで、それをやめる様子はありませんでした。

ジルとメイジーは、テスと３人の若者と一緒に、小さな部署へ行くことができました。その３人は、ふたりの隣人となるはずの人たちでした。テスは、この３人は友人同士であり、自分で身の回りのことができるように、念入りに訓練を受けてきたのだと説明しました。

ピーターはわりと背が高く、ふさふさした金髪でした。彼は大体健康そうに見えましたが、ひたいの部分がねじれているかのように、目の辺りにどこかゆがんだところがありました。彼は静かでおとなしい振る舞いをしていて、自分に言われることを理解でき、それに対して正しく、しかしゆっくりと答えることができました。彼の頭は何を言うべきかわかっているのですが、その考えを言葉に移し変えるのに大きな困難を抱えているようすでした。発声にものすごく苦労していて、最後にようやくはっきりと言葉が出てきます。

ビルは背が低くて色黒で、明確にダウン症の特徴があり、指はずんぐりして器用には動きませんでした。彼の言葉はピーターよりも不明瞭で、痙攣するような早口になりがちです。それでも彼は、尋ね返されると、ゆっくりと注意深く、元気よく語句を繰り返そうとするのでした。最初メイジーとジルは、彼の言葉を理解するのが困難でしたが、次第についていけるようになり、より多くの言葉を聞き取れるようになりました。彼は、新しいホームについて、活気づいて熱心に語り、その庭で、美しい花やトマトや豆などの植物を育てるのを楽しみにしていると言いました。ジルが「レタスは?」と促すと、ビルは「いいえ」と答えました。「レタスは好きじゃないです。猫は好きです。あなたがたは猫を飼っていますか」。メイジーは飼っていたので、彼に見に来ていいよと約束しました。

ジムは背が低くがっちりしていて、彼の体はひどくゆがんでいました。彼の手足は不器用に動き、彼の頭は肩からぎこちなく突き出ている感じ、首はないも同然で、その動きは窮屈でした。でも驚くべきことに彼の顔はどこも悪いところがないようで、表情は明るく快活でした。彼は気さくで、好奇心いっぱいに多くの質問をしてきました。でもその答えについてはよくわかっていなかったようです。なぜなら、何度も同じ質問を、しばらくするとまた繰り返したからです。「家はありますか。大きな家ですか。自分の部屋はありますか。僕は自分だけの寝室を持つ予定です。庭はありますか。犬は飼っていますか。僕たちは自分の服を洗わなければなりません。ビルは料理が上手です。庭はありますか?」などなど。

「結局、そんなに悪くなかったわね」と帰りの車の中でジルが言いました。「ある意味では、かれらはかわいそうだということになるでしょうけど、でもかれらは幸せで、気さくに見えるわ。ビルが庭造りを始めるのを手伝って、植物を一緒に育ててみようと考えているの。時間はじゅうぶんあると思うし」。

メイジーは、「かれらはスヌーカー・テーブルをほしがるでしょうね」と言いました。「息子たちは、自分たちのをかれらがたまに使うのを嫌がるかしら。かれらはとても上手にできるように見えたわ。あの子たちは教会に来るかしら」。

多くの場合、人々はちゃんと調べもしないで「知的障碍を持つ人たちはこんなものだ」と想像するのです。専門家も、大体において社会と同じく、ひとりひとりを見るかわりに、安易に型に当てはめて考えたり、時にはご丁寧にも先入観を持ったりするのです。「彼はダウン症だから人懐こく、音楽好きで、穏やかで……」。かれらはぜんぜんそんなふうではありません。両親や教師たちは、むしろダウン症の人たちの共通した特徴のひとつは、頑固さだと考えることがあるほどです。仮に一般化することが正しいとしても、いったいだれが、かれらの個人的な良い性格を、単にダウン症の特徴とみなしたいと思うでしょうか。

確かなことは、知的障碍を持つ人をひとり知っているというのは、そのような人すべてを知っているわけではないということです。かれらはみんな違います。ちょうど学校の先生やお店の店員がみんな同じでないように。あなたは開かれた心でひとりひとりと出会って、彼または彼女が本当にどういう人かを発見しなければならないのです。キリスト者は、神はひとりひとりを個人的に価値ある者と見てくださる方だと理解しています。その理解は、障碍を持つ人をステレオタイプで見てしまうことに挑戦しなければならないのです。

もうひとつの誘惑は、かれらを、決して成長しないピーター・パンのように、「子ども」と見てしまうことです。ある意味では、かれらは子どもっぽいままにとどまりますので、子どもと話すのに慣れている人は、知的障碍を持つ成人と話すのも得意だと自認するかもしれません。でも、かれらは大人になっているのであり、かれらの経験や感覚は子どものものではありません。かれらの多くは、人々が自分を子ども扱いしていることがわかるし、それを喜びません。

専門的な助け

「地域社会へ」という運動は、注意深い準備と継続的な支援を必要とします。様々な専門家が必要です。ソーシャルワーカー、看護師、心理学者、心理療法士などです。いくつかのホームには一緒に住んでいるスタッフがおり、他の所では、より自立した人たちが暮らしていくのを保証するために、定期的にスタッフが訪問しています。まだまだできることが多く残されています。親切な隣人にできることが、本当に多くあるのです。そこは、専門のスタッフが、よく訓練された地域の人々からの支援を歓迎する領域です。ですから、そうしたスタッフに近づいて情報や助けをもらい、親切な努力がもっと役立つ道筋へと導かれることは、意義あることなのです。

新しい来会者を迎え入れたいと願っている教会にとって、療育院のチャプレンは特に役立ってくれます。チャプレンの働きは、専門的知識や技術の何年もの積み上げによってなされるものです。療育院から出て地域社会へ戻っていく人たちへの関心を持って、チャプレンは喜んでアドバイスをしてくれるでしょう。

これらすべての専門家たちは引っ越しをした人たちへの関心を持っており、個人や地域団体からの、恐れの感情を和らげるためにより良い情報を得たいとか、人々を歓迎して迎え入れたいのだが、という求めに対応してくれます。

ただ親愛の心で

支援の手段がどのように配置されているかの情報や、個々人の能力、関心、特有の困難に関する情報は、皆助けになります。しかし、良い隣人であることは、けっきょくは親愛の心を持つことにつきます。あなたは、他の隣人にどのように親愛の気持ちを表しますか？　それがおそらく最も良いスタートです。

垣根越しにおしゃべりし、天気について文句を言い、近所で起こっている面白いことを持ち出してみましょう。コーヒーでもどうですかと、隣人を招き入れませんか。障碍を持つ人は車を持たないでしょうから、多くの年輩者と同じように、田舎のドライブに誘われたらうれしいのではないでしょうか。

これらの新しい友人たちはもてなし上手で、隣人をお茶へと招き入れることが上手かもしれません。あなたはその招待を断ろうと思うでしょうか。

数年前、ラジオで私は、若い「視覚障碍」の母親が話しているのを聞きました。彼女は冷静に、そして同情的にさえも、「晴眼者の母親たちが私たちに抱く恐れ」について語り、「私は、それは本当に恐いだろうと思う」と言っていました。たとえば、学校から子どもたちを迎えに行った後、母親たちはよく、それぞれの家でお茶会をすることがあり、その招待は、その「視覚障碍」のお母さんにも来ます。でも、彼女が他の人を自分の家に招こうとすると、他の親たちはいろいろな理由で断ろうとするのです。彼女は、かれらがどうしたらよいかわからないので、戸惑っているのだろうと推測していました。

もし知的障碍を持つ人たちが独立して、または半ば独立して生活しているなら、かれらは人をお茶に招くことができます。その招待を受ける方が、はるかに良いことがあるのです。

完全に自分自身であること

私たちは「癒し」を期待できる時代に生きています。今世紀における薬の大進歩のせいで、特に子どもがかかわっている場合、「悪いところが良くならない」ということを受け入れるのが、以前の世代よりも困難になっているほどです。かつては多くの子どもたちが、現在だったらなんら生命にかかわることのないような病気で早く死んでいくのを、両親たちは悲しみつつ受け入れたものでした。ヴィクトリア朝の文学には、雄々しく耐え抜かれたこうした悲劇がいっぱいです。今日では、私たちは「避けられない」ことをあきらめることができにくくなっています。とりわけ、子どもが治らない状態を抱えていると受け入れることは困難です。ところが知的障碍においては、脳が大多数の人々のように発達しないか、損傷を受けていて、それと共存しながら生きていかなければならないのです。

最初のうち私たち両親は何度も、人々が、リチャードが「治るように」あるいは「健全になるように」と願い、また祈ってもくださるのに出会いました。親切な友人や親戚に向かって、赤ん坊を専門家や医者のところへ連れて回るのはよくないということを、忍耐強く説明するのは最も大変なことでした。彼は、まさに彼なのです。遺伝的な異常は、徹頭徹尾彼の一部分なのです。

教会の中には常にありますが、特に近年強くなっているのが「癒しの奇跡」の強調です。これも必ずしも障碍とつきあうことになった者の役に立ちません。「癒し」というものは、私たちが受容を学ぶときに、霊的な仕方でだけ認められるようなものです。それは美しい精神的成長かもしれませんが、奇跡を求めているうちは、決して起こらないことなのです。

リチャードの人生の最初の1週間、障碍かもしれないけれど確かではないと言われていたとき、私たちは彼が「正常」であることがわかる、あるいはそうなると願って絶望的な祈りの中にいましたが、孤独ではありませんでした。彼がダウン症であるとはっきりしたことは、大きな打撃でした。その時点で私たちが信仰を持ち続けていくためには、事実を受け入れることが大切でした。そのとき初めて、私たちは自分たちの子どもを受け入れ、彼のために最善を考え始めることができたのです。それは、神の愛の中では、私たちの目には最悪だと思えることから良いことが生まれる、という信仰によって強められてのことでした。

リチャードの人生の最初の3週間は、不思議なものでした。他の知的障碍は、その子が一般に期待されるペースで発達しないことから徐々にわかりますが、ダウン症は通常すぐに診断されます。私たちにとっては、「思考停止」の時期がありました。それは、このかわいい無力な赤ん坊に対して気持ちの上で応えることができないと感じつつ、日常の決まった世話をするという時期でした。健常の子どもであったら愛せたでしょう。彼に障碍があることがわかった時に、私たちはあるがままのリチャードに結びつくことができました。失望と心配にもかかわらず、愛はあふれ出ました。祈りは、「彼を正常にしてください」から、「彼の人生を何か意味あるものにしてください」へと変わりました。私たちの受けた誘惑は、障碍を持つ子どもを育てる余計な苦労は無駄ではないか、というものでした。それで私たちが求めたものはもはや「癒し」ではなく、事実を受け入れる恵みと、このすべてには何か意味があるという希望でした。

時とともに、私たちのこの態度の変化がはっきりわかるようになりました。しかしそれは多くの親たちの共通の経験なのです。ある者は「神はなぜこれを許されたか」という問いと格闘します。ある者は「特別な子ども」を贈り物として受け取ります。ある者は、愛の神への信仰を失ってしまいます。ある者は、そもそも信仰などを持ちませんでした。ある者は、子どもが育つプロセスの中に、癒しの奇跡を見てとります。でも、とにかく障碍を持つ子どもをよく育てるためには、その子がどんな子どもであるかを知らねばならないのです。いつも事実とたたかってばかりいるわけには行きません。その子が目か耳が不自由なら、他の感覚を使う必要があることを受け入れなければならないのです。その子に学習上の重い障碍があるなら、そのことを認めた上で、その子に刺激を与え、教える方法を探さねばならないのです。こうしてひとつのことが、両親に「その子の可能性の大きさ」を気づかせてくれます。そのプロセスは、おそらく癒しのひとつの形なのです。このことを把握したクリスチャンの友人たちもまた、その子がほかのすべての子と同じく、そのあるがままで神の目に価値ある者であると知ることになります。

かれら自身のものの見方

身体障碍を持つ人は、自分がそのままで完全に自分自身であると他の人が認めてくれることが必要だと言われます。つまり、その人たちの人間としての「完全性」は、聞こえない耳や動かない手足をも含むのです。幸運にも心も体も明らかに「完全」である人たちは、このような認識が自然に起こるとは考えません。私たちが重い障碍を持つ人たちを、かれら自身の権利において完全な人間として見るとき、私たちはかれらを尊敬と理解とをもって扱う道の途上にあるのです。関係が正常へと解放されたのです。

知的障碍を持つ人たちは、あまりかれらの完全性について語りません。でもそれは、かれらがそれを感じ取っていないということではないのです。

私たちは、リチャードが自分には障碍があると知る日が来るのを、恐れていました。17歳になっても車の運転ができないと知ったとき、それが痛みとなるのではないかと恐れたのです。実際は、その時は数か月早く来ました。母親が書いていた本に興味を持ったからです。私が、その本は彼のように障碍を持つ人たちについてのものだと説明すると、彼は憤慨しました。「ぼくが？　障碍があるって？　そんなばかな！」でも、彼がもっとよくわかってくると、それはすべてにおいて助かりました。彼には、車を動かす機能を自分が知っていると私たちが認めることを切に願っていましたが、一方、彼の思考は安全な判断のためには遅過ぎるのだということを受け入れました。彼は「バックシート・ドライビング」〔後部座席から運転者にあれこれ指図すること〕を厳しくすることで、満足しています。「なぜ信号が黄色なのに、横断するの？」「お父さん、なぜキースがギヤを変えない曲がり角で、変えるの？」とか。

より大きな自立を熱心に求めることによって、リチャードは自分ひとりに何かを任される前には、新しい段階のたびにそのための練習・訓練を積む必要があるというわけを、理解し受け入れてくれます。彼は他の人たちの障碍に敏感で、よく私たちを呼んで、障碍を持つ人たちのテレビ番組を見せるのです。彼は、車椅子に乗る若者は、自分のような者よりも友達を作ることが難しいだろうと考えます。なぜなら、「人々は、彼らの頭越しにものを言い、無視するから」だというのです。

今年早くにリチャードは、選挙のことを考えるようになりました。彼は真剣に尋ねるのです。「お母さん、僕が18歳になったら、選挙権があるの？　それとも知的障碍者だから、ないの？」選挙権があるとわかって安心して数か月後、彼は投票日が誕生日より3日前だと知って、不機嫌になりました。次の選挙では、彼は多くの投票者たちに典型的な先入観と直感の入り混じった仕方で、候補者たちのテレビでの政見放送に応答して、投票すると思います。リチャードやその友人たちは、ほかの若者とそう変わりません。ニュースに出てくる政党のリーダーたちについても、スポーツ選手やポップス歌手のことを話すようにあれこれ言っています。結局のところかれらはみんな同じ番組を見ているのです。

あわれみを超えて

知的障碍に対する常識的な反応は、恐れと嫌悪です。そうではないでしょうか。私たちは、それ以上に、しばしば同情と親切に出会います。好奇心もそうです。私でも、「変てこな」誰かに会えば、思わず二度も見てしまいます。はっきりダウン症とわかる子どもを連れて出歩くようになって、私たちはよく親切な反応に出会いました。

でも、その親切がとてもつらいことがあるのです。最初の頃、まったく見知らぬ人がやって来て、こうつぶやくのを聞くと、涙がこぼれました。「かわいい子。こういう子どもたちは、本当に愛らしいですね」。楽しい外出の途中でも、子どもに対して兄弟のようになれなれしくする人たちのことを、忘れることはできません。一番悪いのは、「この喜びに満ちた子どもたちは、愛を運んでくる」とか、「悪を知らない」とか「罪がない」とか言い続ける人たちです。時々私は、こういった慰め手は自分が「健常」な子どもに恵まれているだけであると、その同情に反論しなければなりませんでした。かれらの気持ちはわかるのですが、口にするには、もっと慎重であるべきだと知ってほしかったのです。お定まりの哀れみは、受け取るのが苦痛です。なんと言っていいかわからず、その赤ちゃんが何を着ているか、何で遊んでいるかに興味を持ったと言う人々もいます。あるいは、何か違うことを言って、気を紛らわせようとします。かれらは居心地が悪く感じているのですが、私たちはかれらの同情を感じます。

何らかの仕方で苦しみを経験している人のそばにいることは、痛みを伴います。おそらく『山上の説教』の「第二の祝福」はこんなふうに言い換えられるでしょう。「幸いなるかな、慰める人。かれらは他の人の痛みをおのが身に引き受けるゆえに」。

人々が知的障碍を持つ人たちを避けるとすれば、それはかれらとの付き合い方を知らないからです。「普通の」応答の仕方でいいのだと気づけば、しばしば積極的に、親切に、忍耐強く接してくれます。店員さんたちの多くは、障碍を持ったお客さんが来ると、落ち着いてにこやかに応対してくれます。客に理解するための時間を与え、正しい支払額を計算し、小銭を数えるのを助けるのです。私は次のような店員に会ったことがあります。その人は障碍を持つ人と接するための特別な訓練は一度も受けたことはなかったのですが、後ろに行列ができるのを気にしてリチャードを急がせる私をたしなめました。「いいえ、ご自分でお金を数えさせてください。さあ、この大きいのがいいの。そう10ペンス。それに3ペンスを足して。私の指も使っていいわよ」。実生活の状況の中のこれらのアマチュアの先生たちは、学校で「足し算」の授業が不足しているのを、しっかりするように命じてくれるのです。

リチャードや彼の友人たちは、他の人たちがかれらに接する態度にとても敏感です。リチャードは、嫌いな人は拒絶しますが、概して快活で陽気な子です。しかしたまに、だれかが彼を馬鹿にした呼び名で呼んだとか、通りすがりにわざと蹴ったとか指摘することがあります。彼は、からかい方には良いのと悪いのとがあって、それはすぐわかると言うのです。リチャードは、だれかが彼のことを「モンゴル」と呼んだことで怒ったことはありません。でも彼は、特に彼の耳には「plastic」と聞こえるような声には反発します。そのことばは、脳性まひで苦しむ人たちも傷つけます。脳性まひの人たちは知能は決して低くありませんが、最近の一般の話し方では、「けいれん的 spastic」という言葉が、そのような障碍を暗に意味するようになっているのです。障碍を持つ人たちは、幸運にも障碍を持たない人たちからのそういう攻撃に慣れなければなりません。それは、地域社会で暮らすために支払わねばならない代価の一部なのです。

コミュニケーションへのチャレンジ

言葉の問題が、しばしば知的障碍には伴います。言葉が、私たちにとってコミュニケーションの主な手段です。障碍を持つ人たちのうちのある者は、ほんの少しか、あるいはまったく言葉を持ちません。他の者は、いくぶん円滑に話すことはできますが、発音は明瞭ではありません。また他の者は「普通に」話しますが、そのかわりにその言葉は当を得ていないところがあります。「サムと話したことがありますか。彼は本当にとても賢いですね」と、教会にしばしば来る男性のことを、人々が話しています。もしあなたがよく彼と話していれば、すぐにサムが知的に話せる話題の幅が極めて限られていることに気づくでしょう。そして、同じことを繰り返して話します。

円滑に話せる話題に繰り返しが多いというのは、よくあることです。ロドニーは、月1回週末に両親を訪ねるときに、教会に来ます。療育院に戻ると、彼の部屋から裏庭が見えます。何か月もの間、彼は友人たちにごみ箱の詳細な描写をし、ごみ出しのうれしさを話したものです。

重い言語的な問題を抱えている人たちは、しばしば言葉によらないコミュニケーションが上手です。リチャードは話すようになるまで、身振りやジェスチャーによるかなりの数の「語彙」を身につけていました。私たちが彼の言いたいことをなかなか理解できないときには、いまだに時たまそれに頼っています。子どもの頃一度きりでしたが、彼が児童礼拝で牧師の「子どもメッセージ」での問いに素早く答えたことがあります。説教者は子どもたちの注意を引くために、中心テーマを身振りでしようとしていました。リチャードは、それを「さかなつり」と判断して、それを一番に声を出して言ったひとりでした。

リチャードが15歳のとき、私たちはハンブルクで開かれたヨーロッパ・バプテスト連合大会に出かけました。そこでのリチャードを見ているのは、すばらしいことでした。私たちが学校で習ったフランス語や、もっと下手なドイツ語で、フィンランド人やルーマニア人やポルトガル人と話そうと苦労しているのに、リチャードは隣に座るだれとでも友だちになれるのでした。彼はほほえみながらいろいろなものを見せて、英語であれこれと話し、何語であってもそれに対して答えてもらったらそれで満足するのです。ある午後、私たちはこどもたちを置いて、別の用事で外出しました。帰ってみると、かれらは大きな講堂にいました。そこでは、ヨーロッパ中から来た人たちがなんと皆、私たちをリチャードの両親だと知っており、私たちを彼と兄が座っている所へ連れて行ってくれたのでした。

ジェスチャーや表情によって、驚くほど多くのことを表現することができます。もし私たちがそれを使うのを恥ずかしがらず、勇気を持ってはっきりとそれをしてみるなら、私たちの語る言葉を理解したり、自分の言いたいことを明瞭に表現したりするのが難しい人たちと歩み寄ることができるのです。

障碍を持つ人たちは、一般的に雰囲気に敏感です。言葉がわからないときには、雰囲気をつかみます。それによってかれらは、真の誠実とうわべだけの善意との違いがよくわかって、ときに不愉快に感じるのです。もしあなたが、好意を持っているのに、かれらと一緒にいると落ち着かない気分になるとしたら、それは残念なことです。

リチャードは、たとえその場の冗談がわからなくても、楽しそうに笑っている人々の中にいるのが好きです。雰囲気が大好きなのです。それで、彼はいつもテレビでコメディ番組を楽しんでいます。そういった番組は、言葉の上でのユーモアが大半であってもです。私たちはビデオレコーダーを買ったとき、驚きました。というのは、私たちがそういった番組を録画して、それを何度か見ると、リチャードはその中のジョークを本当に理解しているのです。それらは、私たちが早まって想定していたような、彼の力に余るものではなかったのです。理解できるようになったので、彼はここ最近、いくつかの番組を真っ先に見るようになりました。彼を喜んで受け入れてくれるティーンエイジャーたちの中で、彼は楽しい雰囲気に応答するのです。リチャードが何かを間違えたときに、かれらが「ばかだなあ」と言うと、彼はそれは正しい指摘だと認めて、一緒に笑っているわけです。それらの言葉が傷つけようとする意図のものである場合は、彼にはそれとわかるのです。

しばしば学校では、簡単な身振り言語を教えます。障碍を持つ友人たちがこれを使うかどうかを知ることは、意味があります。もしそうなら、ほかの人たちが教会では身振りで表現することを価値ありとするのも、うなずけます。最近大学のリチャードのクラスの友人が私たちの家を訪ねてくれたときのことです。照明器具と明るさを調節するスイッチについて私を質問攻めにしたときには十分なめらかに話したのですが、飲み物を求めるような基本的な要求については、彼が身振り言語に切り替えたことに気づきました。リチャードは正式な身振り言語を習ったことがないので、私は理解するのに骨が折れました。

しばしば障碍を持つ人たちは、他の人々が自分たちのことを理解するのは難しいのだと、よく知っています。かれらは忍耐強く言葉を繰り返してくれますし、よくわからない単語を強調するために、身振りやしぐさを考え出してくれます。それはとてもいらいらすることに違いありません。わかってほしいのにそれを言葉にできないとき、ある場合には興奮して、幼児がよくするのと異ならない仕方でかんしゃくを起こしてしまうのも驚くべきことではありません。

コミュニケーション、つまり理解することと自分を理解してもらうことは、本当にひとつのチャレンジなのです。

より良い教育へのチャレンジ

最初の章で簡単に述べましたが、近年、深刻な学習上の困難を持つすべての人たちの教育が発展して、その中からチャレンジすべき課題が生まれています。知的障碍を持つ多くの若い人たちがある程度の自立を成し遂げています。かれらには十分にその力があるのです。かれらの友人である私たちは、かれらが自分でできることが何であり、かれらができなくて助けやおそらくは保護を必要としている領域はどこなのかを、知らなければなりません。かれらを保護下に置いて、かれらが自分でできることや、他の人々のためにできることを奪ってしまうのは簡単です。

知的障碍を持つ人たちが学んでいる教会学校のクラスを訪れた人が、車いすをたたむのを手伝おうとしました。地域のホームから持ってきた車いすを、小型バスに戻すのを手伝おうとしたのです。すると、マイクが興奮して彼女を止めました。そして説明しました。「これはぼくの仕事だ。これは、ぼくがイエスさまのためにできることなんだ」(2)。

読むことを覚え、書くことさえも覚えた人たちは、おそらくこうした能力を誇りに思い、それを使いたいと思うはずです。この点では、障碍を持つ人々は、一般にほとんど読み書きができなくてむしろそれを恥じている人々とは違います。こういった人々は、他のことではそれなりの能力がありますが、読むことは難しいと思っていて、可能な限りわずらわしい活動を避けようとします。それでこの人々は、読みやすい大人向けの文学とかをあまり求めたりはしません。

それが、障碍を持つ成人のための適切な読み物が不足していることの、ひとつの理由です。宗教に限らずすべての分野で、それは不足しています。成人障碍者のデイケアセンターで働いている図書館員たちは、驚くべき情熱で、数少ないけれども本当に適切な本に関心を抱いています。出版社は、悲しいことに、その市場が商業的に価値があるというには小さすぎると思っているのです。ある特別学校の校長はこう見ています。「うちの学校の子どもたちに読書を教えるべきかどうか、悩んでしまいますね。10代の後半になって、読書を楽しむのを知るようになっても、かれらに合う本がほとんどないという現実を知るしかないのです」。

易しい単語で書かれていて、あまり文章がかたくるしくなくて、わかりやすいイラストがある本は、ほとんどすべて子ども向けのものです。登場人物やあらすじや絵は子どもの世界のもので、大人向けではありません。一方、豪華な写真本は、ちらっと見るにはよくても、「読む」という欲求を満たすものではありません。

例外として、「子ども向け」とカバーに書かれていても、大人にも適切な本は、聖書です。聖書物語の豊かさはここにあります。赤ちゃんの絵本から、文章だけの聖書まで、すべてのレベルでそうなのです。さし絵も聖書の登場人物を描いていますが、ほとんどは大人です。

リチャードは本の虫です。彼はほとんど毎週公立図書館へ行きます。最近は、きれいなイラストのある子ども向けのノンフィクションを選ぶことが多いです。そういう本でも、絵は必ずしも子どもの絵ばかりでありません。リチャードや、彼より年少のやはりダウン症の友人たちは、『アステリックス』や『タンタンの冒険』といった連載漫画にはまっています。実質的にリチャードが本当に読む唯一の物語は、彼が持っているいろいろな子ども向けの聖書からのものです。それらが彼はとても好きです。これらの話は、読むための語彙をかなり持っていても、集中力を長く保てない人には、理想的です。聖書の物語はほとんど、とても短いのです。彼のお気に入りの『レイディーバード聖書物語』はその点、安心です。なぜなら、どの物語も完全に１ページ以内に収まっているからです。そこで、リチャードは読み始める前に、どのくらい読まなければならないかがすでにわかるのです（私が持っている版には、究極の賞賛の言葉がカバーに載っています。「神ご自身のストーリーがＩＴＶ〔民間のテレビ放送局〕に」。私はいつも、神さまもこのジョークを楽しんでおられると感じています）。

私自身は文筆家タイプの英国人女性として、かつては漫画本を軽蔑していました。でも今は、リチャードのことが頭にあるので、フランスに行くと、そこの書店の棚に引き付けられます。パリで私は、リチャードの兄のキースがフランス語のテキストを楽しんでくれるだろうと思いながら、きれいに描かれたマーティン・ルーサー・キングの伝記漫画を買いました。それから1年から2年後のある日、このアメリカの殉教者の名前が出てきたときに、驚いたことにリチャードはその名前を知っていたのです。ただその絵を丹念にたどることによって、彼はキングの生涯について多くを知っていました。さらに、なんと英語のせりふによって、彼は読めたのです。

私の夫はある日、雑誌『今日の歴史*History Today*』のいくつかの記事を私のところに置いていきました。その後しばらくして彼は、自分の机の上にそのひとつが戻っていて、リチャードの奇妙なつづりで「37ページのコピーをください」と書いてあるのを見て驚きました。明らかにリチャードはその記事をちらっと見て、その中の風変わりな郵便受けの写真に心ひかれたのです。以前彼が持っていた、切手収集に関する図書館の本には、郵便受けを集めるのも面白いと書いてありました。彼は自分で郵便受けの写真をいくつか撮って集めていたのですが、そのコレクションにこれを加えたいと思ったのです。

教会の友人たちに言いたいのは、イラストの載っている雑誌をなんでもとっておけば、後で、読む力が限られている人たちがそれを楽しめると考えていいということです。スポーツ、車、園芸、ファッション、ポップス、年齢と性別に応じて、どれも大歓迎です。みなさんは、かれらがどんなに喜ぶかを知って驚くでしょう。かれらは活字が印刷されたページを好きだと、みんなが知ってほしいと思います。

礼拝するのを助けること

ほとんどのクリスチャンは、知的障碍を持つ人々のために牧会的配慮が必要であることを疑いません。配慮は明らかに必要です。でも人々は、宗教からかれらが多くを受ける能力について、大いに疑問を感じているのです。きわめて限られた知的能力しかない人々にとって、宗教は何か意味があるのでしょうか。

それならば私たちは行って、心と魂とをもって礼拝することについて歌いましょう。礼拝とは、頭脳と能力だけの事柄ではないのです。

福音の基調音である愛は、最も小さな応答しかできない者にも伝えられます。そこから、さらに多くのことが可能とされるのです。知的障碍を持つ人々は、神を礼拝する力を完全に持っています。かれらは、賛美と感謝の敬虔な雰囲気の中へと引き上げられることができます。そしてかれらは、感覚が認識するよりも大きな存在に気づくことができます。「何も見えないということは、何も起こっていないことを意味しない。多動性障碍の子どもの沈黙でさえ、深い宗教経験の一部であるかもしれないのだ」[3]。

私たちは、ある牧師が表現しているように、「人々がかれらには何も聞こえないと思っているところで、神の存在の響きを聞き取ることができる」[4]知的障碍者がいるということを認める必要があるのです。

家族を支えること

この本は、第一には、障碍を持つ人々自身に関するものです。それにしても教会は、障碍者がいる家族を支えるために多くのことができるのですが、しかし残念なことに、しばしばそれができていません。

子どもが障碍を持っているという事実を受け入れようとする家族は、肉親との死別に近いほど感情の揺れを経験します。しかもそれは、それぞれ異なった仕方で進行していく経験なのです。両親はよく孤独を感じます。かれらは大変敏感で、傷つきやすいのです。友人たちは、自分の「健常な」子どもが申し訳ないように感じて、何と言っていいかわからなくなります。

知的障碍に関する精神医学の教授であるジョアン・ビックネルは、こう説明しています。

かれらは、自分たちが受け入れつつある通常とは異なる部分よりも、むしろ障碍を持つ子と家族の「普通さ」を他の人々が強調してくれるときに、大きな安らぎを覚えるのです。この時期の家族は、隣人から自分たちがいかに避けられているか、そしてかつて気さくに話しかけてくれた人が、どんなふうに戸惑いつつ急ぎ足で通り過ぎていくかを表現します。このような子どもを、教会の家族の一員として温かく迎えること……は、その家族にとって、かれらがこれを乗り切っていく力を見出すため、かれらが教会とかかわりを持ち続けるために、大きな助けとなります。(5)

自分の教会におられるそのような両親についての経験を問われたバプテストの牧師たちは、次のように答えています。

かれらはずっと問い続けてきているのです。たとえば、「どうしてこんなことが起こったのか」、「なぜ神はそれを許されたのか」などです。それらの問いは、今も現実です。……

神は障碍を持つ子どもとその両親とを、ひとりひとりまた圧倒的に愛しておられることを知ることが、かれらにとって助けとなると思います。

障碍を持つ子どもは、大いなる内省をうながし、単純な原理主義的信仰に対する疑いをもたらします。でもその果てに現れるのは、より確信をもち、また成長した、全能の神の摂理への信仰です。

より確信に満ちた信仰を家族が成長させるために、かれらは助けになるクリスチャンの友人たちを必要としています。おそらく多くの人たちは、障碍を持つ人々に対する一般的態度は啓蒙されてきていると思うかもしれません。しかし、だれも理解してくれず、無視されたように感じている両親もいるのです。それを乗り越えるには、強い信仰が必要です。

残された者たち

すべての人たちが地域社会に出て行けるわけではありません。一部の人たちは、これまでよりも小さい集団であるかもしれませんが、施設に恒常的に入れられたままになるでしょう。『アーモンドの木――知的障碍者の牧会ケア』(6) の著者であるブライアン・ジョージは、そのような障碍を持つ子どもや若い人たちの療育院を北部イングランドに訪ねました。後に、彼はこう回想しています。

私はその療育院を見て回らせてもらいましたが、そこに住んでいる人たちの顔に表れたプライドや、幸せそうな満足の表情を忘れることはないでしょう。周囲から離れた、ヴィクトリア風の建物の集合であるその施設に近づくにつれて、私の心は沈みました。でも、心配する必要などなかったのです。献身的なスタッフが想像力豊かに内装を変えて、規格にはまった建物を楽しく快適なホームに造り変えているのを私は発見しました。これは、百人以上の若者たちに、避難所と食料と愛情的ケアと安全とを提供するホームであったのです。

そこのチャプレンは彼の働きについて、比較的障碍の軽い人たちが地域社会に出て行ってしまうことを憂えていました。彼はずっと、より能力の高い人たちが他の人たちを励まして、やる気を起こさせることに期待していたのですが、その人たちはもういないのです。私は彼に同情できるように思います。というのは、私は教師として、様々な能力を持つ人たちが混ざり合ったクラスで、どちらかというと能力の少ない生徒たちが、より知的能力のある者たちによって刺激を受けてさらに高いレベルの力を獲得するのを、いつも見出していたからです。これは教師にとって、力の弱い生徒たちを彼らだけで教育するよりずっと容易なことでした。

私はその旅を続ける中で、私が見聞きしたことについて、ずっと、そして懸命に考えてきました。ほとんどの人々と同じように、私も、これらのより能力のある人たちを「施設でのケア」から出して、地域社会へと戻す政策を歓迎してきました。でも明らかに、私にはある留保があるのです。それは、その療育院を訪問したことにより、強くなりました。私は、障碍を持つ人々のケアに適した土地や建物を買おうとするときに、不安を感じる近隣の人たちからもたらされる敵意について聞かされました。私は今、地域へと移り住んでいった人たちの恐れが理解できるように思います。かれらはその時私が出会った、幸せで、満足して、安全な状態の施設の住民たちとあまり変わっていなかったはずです。私は、かれらの移住を準備する際の慎重な進め方について聞きました。それでも、それはとても不安で、怖い経験だったに違いありません。私はクリスチャンたちに、かれらの良き隣人となるよう励ますために、あらゆることをしようと決心しました。そして、この新しい住人を地域や教会に歓迎して迎えるために、あらゆる努力をしようと思っています。

以前に私が思い至らなかったのは、この政策が、施設に残された人々に及ぼす影響です。施設のチャプレンだけでなく、職員たちも、より重い障碍者たちだけに仕えるという困難に出遭うことになるでしょう。患者たちがよい友人を失ったというだけでなく、様々な仕方で職員たちを助け励ますことができる、良き住人を失ってしまったのです。

地域の教会は、地域に溶け込もうと努力している人々に仕えるだけでなく、施設に残された人々にも仕える道を探すべきではないでしょうか。

いくつかの教会は、近くの療育院への訪問を計画しています。かれらも、反応の良い人たちが外へ出ることで、訪問がより困難で報いが少なくなったと感じるでしょう。しかし教会の人々は大人だけでなく子どもも、このチャプレンが賛美の歌を感動的なものに保ち、これらの神の別の子どもたちを関わりへと招き入れていくのと、ちょうど同じ働きができるでしょう。

支援者を支援すること

ある人たちは、安易な親切を乗り越えて前進するように、そして知的障碍を持つ人たちと共に働くことを考えるようにと、チャレンジを受けていると感じています。様々なレベルで、数多くの機会があります。専門的な教師、看護師、ソーシャルワーカーになるだけではありません。ホームやデイケアセンターやクラブで支援者や友人となる人たちを助けるために、有償またはボランティアで働くこと。特別な訓練はそう多く必要ありませんが、このような仕事に使命を感ずる、特別な人でなければなりません。それが簡単なことだとは、だれも思わないでしょう。けれども幸いなことに、充実してやりがいのあることだと思う人がいるのです。

大きな施設よりも比較的小さな場所で、少人数の入居者と、個別に、より親密に働くスタッフに特別な需要があります。そういった機会は増大するでしょうが、それだけに個人の責任も大きくなります。それは骨が折れるだけでなく、孤独な仕事です。そのため、ひんぱんにスタッフが変わり、ケアの継続性が問われます。これは、入居者にとって大変なことです。スタッフの交代は、教会のような外部の団体にも困難をもたらすことがあります。繰り返しよい関係を作り直さなければならないからです。

教会は障碍者との関係を持つ教会員をよく知るべきです。両親だけでなく、職業であれボランティアであれ、障碍者と共に働くことを選んだすべての人たちを、です。私自身の教会では、ここ3、4年の間、ひとりの教会員が知的障碍の成人のためのシャフツベリー・ホーム〔一三一頁、および巻末注一八参照〕を設立する委員会の運営にかかわってきました。別の会員は、以前は研究所の技術者でしたが、彼女の娘が障碍児教育を研究している関係で、デイケアセンターのスタッフに加わりました。またひとりの老婦人は、バス通学の特殊学校での付添いの仕事から引退したことを残念がっていました。また家政学の教師は、クラスに重い学習障碍のある学生を受け入れることに使命を感じています。他の教会員仲間がこれらすべての出来事に気づいているかどうか、わかりません。しかしこのような人々こそ、キリストの愛を表現しているのです。

教会は、こういった支援者たちをも支援すべきなのです。

第3章　教会のニューフェイス

「ぼくは教会が好き、大好き」とリチャードがお風呂で歌っているのが聞こえます。彼にとって教会は、ずっと幸せで解放的な場所でした。「解放的」と言うのは、幼い頃から、そこへ行けば両親から解放されたからです！　私たちは、教会という共同体が、全体として彼を見守り続けてくれていると信頼できるので、彼を手放しで任せることができました。教会では、驚くほど幅広い人々が、彼を助け、彼を導き、彼に新しい能力を与える時間を作ってくれました。私たち両親にとって、このことは、まさにキリストの愛を真実に表すものでした。それは、私たちが信仰において発見した力と、リチャードがイエスについて受け取った教えの両方を支援するものでした。

現在リチャードは、信仰者のバプテスマを受けて教会の正式メンバーであることを喜び、誇りに思っていますし、自分が奉仕できることを熱心に見つけようとしています。「ぼくは役に立つ教会員であるように努力している、なぜなら、ぼくはイエスさまが好きだから」と、彼は説明しています。それは、彼の思いを精一杯表した言葉なのです。私たちにとって重要と思えることの大部分は、彼の頭を素通りしていきます。それで彼は、自分が完璧にできるような実際的な働きに打ち込むのです。私たちは、これらのこと――コーヒーカップを洗うこと、弱い人を助けること、讃美歌集を手渡すこと――は彼の礼拝の一部であり、イエスへの献身であると感じています。教会に行くことは、彼の人生の重要な要素なのです。

障碍を持つ礼拝者を迎えた経験がなくて、でも「道の向こう」の新しい宿泊施設から来る人々を歓迎しなければ、と考えている教会は、決して起こらない問題を考えて取り越し苦労をしてしまうかもしれません。他方、障碍者の経験のある教会は、よかれあしかれ、「他の障碍者もあの初めの人と同じだ」と思うことでしょう。そういう考えは、誤りにつながるかもしれません。どんな本も、この本を含めて、あなたの新しい友人がどんな人であるかを教えることはできません。個人的に知り合う以外の方法はないのです。そうしていく中で、かれらの様々な必要や問題に、そしてかれらの賜物に気づくようになるのです。とは言うものの、注意すべきことをいくつか、一般的に助言することはできます。

赤ちゃんを歓迎する

私たちのような、障碍児を持つ多くの両親が、教会が自分たちの子どもを歓迎し受け入れる場所を持っていることを知りました。おそらく、最初教会の人たちは好奇の目で見たり当惑したりしますが、それらの感情はすぐに過ぎ去ります。ある母親はこう述懐しました。

人々が通過せねばならない最初の適応期を過ぎると（実際に「見て」みると怖がる必要はないし、怪物でもなんでもないとわかると）、だれでも娘のことをとてもよく受け入れてくれました。

両親に聞いて、それを知ると残念に思うようなことなのですが、障碍を持つ子どもたちが愛情深く受け入れられるという最上の経験は、その子の家族がすでに教会生活に深く関わっているかどうかによって決まる場合が多いといいます。障碍の程度にはあまり関係がないと思われます。このように教会に深く関わっている両親は、かれらの教会が自分たちの子どもを受け入れてくれるのを期待しています。それは、教会が積極的に応える助けになります。

教会が自分たち家族を拒絶した、という悲しい経験を語る両親もおられます。幼児洗礼や献児式について尋ねたところ、「そんな子にとって、何になるのですか」と尋ねられたというのです。もしこれらの両親が、比較的よく出席してはいるものの教会の交わりの中には本格的に入っていないという、つまりいわば教会の「周辺部」にいたならば、かれらは完全に教会から離れていくでしょう。かれらは十分他の友人とつきあっていけるのですから。

ふだんは教会にあまり顔を見せない教区民が、どうしてかれらの赤ん坊にバプテスマをしてもらう時だけ教会に来るのかと国教会司祭が疑問に思うのも、その司祭にとっては正当かもしれません。しかし、障碍を負った赤ちゃんを、この子たちが物事を理解できるほどに成長しないという理由で、退けるのは正しくありません。私たちが、神はご自身の教会にこの子たちの場所をお持ちかどうかと疑うならば、教会の会衆席で私たちのそばで座ってそわそわしている子どもを受け入れることは実に難しいことになります。

私たちは、たまたま幸いな経験をしたと聞くからといって、自己満足してはいけません。教会の周辺で自分たちの経験を語ろうとする家族は、ほとんどいないのです。

子どもを教会に連れてくること

教会は歓迎しているかもしれませんが、両親にすれば、障碍を持つ子どもを教会へ連れてくるのは容易なことではありません。身体的移動が問題かもしれません。ひどく動揺したり、人間嫌いだったりするかもしれません。子どもによっては連れてくるのはそれほど困難でないかもしれませんが、そういう子でも子どもっぽい行動を卒業するのに時間がかかったりします。よく病気にかかったり、他にも問題が障碍と結びつくことがあって、教会に継続的に出席するのが不可能かもしれません。そのため、子どもは日曜日に礼拝に出るという生活パターンに慣れるのが難しくなります。障碍が重くなればなるほど、とにかく新しいものに適応することが難しくなります。かれらにとって規則正しく変わらないことこそ救いであり、変化は脅威なのです。

子どもの多くは、自分の行動をコントロールすることができますし、「きちんとすること」に誇りを持っています。はた迷惑なふるまいをする子どもがいるのは、自分に何が求められているかが全然わかっていないからです。子どもによっては、現実に体と声をコントロールすることが困難なことがあります。他の礼拝者たちがこれらをどれだけ忍耐できるかは、教会によって非常に違っているでしょう。

ローマ・カトリックの司祭デイヴィッド・ウィルソンは、こういった問題について両親がどのように感じているかを実感しました。

両親は、自分たちの子どもがじっとしていないのではないか、静かにしていないのではないか、行われることにちゃんと注意を向けているだろうかなどと、しょっちゅう心配しています。このことで、四角四面に決め付けるようであってはいけません。「迷惑」といっても、程度の違いがあるのです。おそらくより重要なのは、両親が、自分たちの態度は正しいのだと確信することです。その方が、常に子どもをチェックして、周囲のいたずらっ子を叱るより重要です。もしママとパパが、自分自身、全身全霊でミサに集中するならば、子どもはいつの日か自分なりに、何か大事なことが行われているとわかるでしょう。両親にはこのこと

（自分自身がミサに集中すること）が、他の人がどう考えているか気になったり、子どもが音を立てたり、いつまでも落ち着かなかったりした場合に、困難になるのです。

しかし私たちは、静かな祈りの数分間のために、ミサに行くわけではありません。ミサは、礼拝のなかで皆と共にいるためにあるのです。(7)

両親が教会に定着した場合には、障碍を持つ子どもはしばしば通常の託児サービスに適応していきます。このことで、新しい託児奉仕者を補充することになるかもしれません。託児室は、赤ちゃんには対応できるのがふつうです。しかし託児室が、もっと年長で教会学校のクラスでは受け容れられない子どもをみるよう期待されるなら、難しくなります。障碍を持つ子どもは、しばしば教会学校の年少のクラスに比較的長く在籍して活動を楽しむことができるでしょう。特に、もしその子のそばに一緒に参加を助けてくれる特別な友人がいればなおさらです。

両親は時として、障碍を持つ子どもの面倒を見てもらうのを期待することで、他の人々に負担をかけているように感じてしまいます。両親は困難を特によく知っているので、かれらの不安なまなざしと耳は、いちはやく託児奉仕者の苛立ちのしるしを見つけ出してしまうのです。それだけになおさら、忍耐強く世話をしてくれる友人は貴重です。

フィリップの母親は、ダウン症の息子がどのように小学科のクラスに受け入れられたかを語ってくれます。「クラスのメンバーやリーダーは、息子と1時間過ごすだけでも、ヨブのような忍耐を必要としたと思います」。ひとりの教会学校の先生は、フィリップがしばしばみんなの気を散らさせるので、だれかが「彼は出て行くべきだ」と言い出すのではないかと、何度も思ったことを認めています。でもかれらは忍耐しました。少年団も、予定のコースをやりぬきました。こうしてフィリップは教会の愛すべきメンバーとして成長していきました。

別の教会では新来者の夫婦が、教会学校では、困難な重い障碍を持つ自分たちの娘を、その兄弟たちと共に受け入れてくれるかと尋ねました。教師たちには、それに挑戦してみようという気持ちがあり、援助する教師をもうひとり見つけて最善を尽くしました。じきに、大丈夫だろうという言葉が行きかうようになります。ほどなくして教会学校には、障碍を持つ子どもたちが５、６人も集うようになりました。それはとても大変でしたが、牧会ケアの機会が増えました。子どもを見てくれるボランティアをこれまでまったく期待していなかった家族と、知り合いになったからです。教会学校の校長や教師たちは、こういう働きのために、特別な訓練を受けていたわけではありません。困ったときには、本能と常識によって対処したのですが、それで特別な教師がアドバイスできるほとんどのことをすでにしていました。成功の鍵となったのは、こうした子どもひとりひとりを特に見守ってくれる援助教師《ヘルパー》を備えて、この子たちが仲間に加わるよう助け、かれらに合っていると思われる別の活動に連れ出すようにしたことでした。

教会という状況の中では、こうした特別のヘルパーは、特殊な訓練や資格を必要としません。親切で、忍耐強く、意欲があれば十分です。子どもの特別なニードについては、両親から、その子がどのように自分の意志を伝えるのか、その子に何ができるのかを学ぶことができます。その子の行っている学校もまた、有益なアドバイスをくれるでしょう。ヘルパーは、簡単な身振り言語を身に着けねばならないこともあるでしょう。その子が発作を起こしやすい場合、ヘルパーはそれに対処するのを学ぶ必要があります。時にはその子の母親があまりに保護的で、他人に子どもを信頼して任せることをためらうことがあります。でももしその母親が、友人が本当に子どもを十分に世話してくれると気づくなら、彼女は、少しの間でも子どもの世話から解放されるのを喜ぶようになるでしょう。

他の子どもの反応

障碍を持つ子どもがクラスの中にいることは、他の子どもたちに対する問いかけとなります。ある教師たちは何も言わないのが一番だと考えて、子どもたちは気づかないだろうと仮定します。そんなことはありません。子どもたちには、ジョニーやジェニーは具合が悪いところがあるので、変わった動作やおかしな言葉や行動をすることがある、とはっきり説明することです。小さい子どもでも、他の人にわざとふざけて困らせる子と、物事を上手にやれない子の違いが判るのです。

ひとりの小さな子どもがそれを私に教えてくれました。最初から私たちは、リチャードの状態を、3歳年上の兄には説明しようと試みました。彼はすぐに、その赤ちゃんに何か不都合があることがわかりました。ではありましたが、私はまだ、もっと広く知らせる必要があることに気づいていなかったのです。

ある日、リチャードが３歳の頃、私は彼が、年が同じくらいの近所の子どもと遊んでいるのをほほえましく見ていました。しばらくして、ドアにノックがありました。トルーディーがそこに立っていて、そして率直にこう尋ねました。「リチャードは話せないけど、頭に何か悪いところがあるの」。突然の問いにどぎまぎしながら、私は答えました。「そうなの」。「それなら、オーケーよ」とトルーディーは言いました。「リチャードはただばかなんじゃなくて、一生懸命にしようとしているのね」。そして彼女は遊びに戻っていきました。彼女が引っ越すまで、かれらはずっと友だちでした。数年の間に、ほかの近所の子どもたちが、よく似たことを確認しにきました。こうしてかれらはリチャードを遊びの中に歓迎してくれました。

子どもたちは観察力があります。かれらが、ちょっぴり変てこな行動や人より遅い発達に気づかないと期待するのはフェアでありません。私の友人たちが親切そうに、「リチャードのことは何も、子どもたちに言わなかったわよ」とささやくのを聞いて、私はがっかりしたものです。それはしばしば、困難な午後の前兆でした。もしこれが、子どもたちが成熟した自信を持つことにつながり、かれらの同情がしっかりしたものになるなら、それは益になります。まもなくかれらは、障碍を持つ友人が成し遂げたことを誇りとするようになるでしょう。

成長すること

小さい子どものうちは、障碍があるとはいえ、教会学校の幼稚クラスにかなりよく適合するでしょう。でも何年かたつと、成長の遅さが目立ってきます。そのとき、その子より小さい子どもたちと一緒にいさせることは、大きな誘惑です。特に、その子が簡単な物語ならわかるようなら、なおさらです。それは一時的にはいいでしょう。しかしすぐ、この年齢にしては幼い少年は、思春期になります。その時あなたは、低い声とあご髭の生えた10代の関心とを持つ若者が、小さい子たちの中ではいかに不似合いかがわかるでしょう。

私たちの教会では、リチャードは、年齢からすると例外的な立場になっています。長い間、彼は兄の友だちと付き合っていました。かれらはリチャードを連れて遊びまわり、スヌーカーゲームを一緒に遊んでくれるような友人でした。かれらが大学に入って出て行ったとき、次の世代のグループは何年か年下でした。この子たちはリチャードと仲良くしてくれました。でも、彼がティーンエイジャーなのに、かれらはまだ子どもなのです。かれらが成長するにつれて、リチャードが仲間に入れるように、かれらはもっと多くのことをしてくれます。リチャードは、その子どもたちの活動と20代のグループとの間を、どちらも自分の友だちだと考えて、自由に行き来しているようです。椅子やテーブルやその他の家具を運ぶことでは、リチャードは疑いもなく教会の屈強な若者のひとりです。
ルイーゼは19歳で、教会の家族のひとりとして、また若者のグループの一員として、受け入れられています。牧師は、彼女が両親を賞賛していることについて書いています。

ルイーゼは、友人たちと出かけてもいいといつも励まされており、自信を与えられています。外出中のリスクを覚悟することで彼女の両親が心配や献身をどれほどしているのか、私にはわかりませんが、かれらはいつも積極的で快活です。加えて、かれらはルイーゼを苦心して訓練して、文字が読めるようにし、また生活習慣をつけて、彼女が集団に受け入れられるように努めました。彼女は、特に家事についてはいつでもお手伝いする用意があって、とてもよく働きます……。私たちは、知的障碍を持つ人々の両親を支えなければなりませんし、たまには両親が休息を取れるように、ケアの責任を引き受ける必要があります。

ルイーゼは今年、教会のデヴォン州ユースキャンプに参加しました。彼女にとって、教会の若い人たちとの2回目の旅行です。彼女がいるので困ることは、ほとんどありません。実のところ、完全に健常で何でもできる若者たちのほうが、ルイーゼよりもやっかいなのです。彼女を集団に溶け込ませる鍵は、私たちが教会でもっと大きく育てたいひとつの態度にあります。それは受容ということです。若者たちのグループは、自分たちに「混じりあい団」という名前を選びました。彼らの中には、アフリカ系、カリビアン・ブリティッシュ、アイルランド系、ホワイト・ブリティッシュがいるからです。彼らの中には、教育の機会に恵まれなかった人たちから、オクスフォードの卒業生までいます。デヴォン州に住む友人は、あなたがたはこんな教会を持てて幸運だと言いました。私はこう答えなければならないと思っています。それは祝福だと思うけれども、幸運ではないと。私たちは、受容ということのために、また個人の価値の感覚を育てるために、懸命に働かなければならないのです。

成人障碍者を歓迎する

もちろん、その障碍を持つ子どもが、赤ん坊の頃から連れて来られていて教会になじんでいる方が、事は簡単です。大人になってから来る場合は、おそらくグループホームの他の人々と一緒ですが、かれらは教会の礼拝や礼拝のやり方に慣れていません。もしかれらが、自分たちのニードに合わせた療育院の礼拝に慣れていたとしたら、かれらは教会に続けて来たいと思うでしょうか。生活のスタイルを変えるのは難しい、と思うでしょう。

それでも私たちは、かれらを礼拝の会衆の一員とするのは難しいと考えてはなりません。かれらが礼拝をささげる道を見出すための手助けをし、そのために何が期待されているかを示す必要があります。あまりにも急いで、かれらが自分で神への礼拝を表現する気持ちをくじけさせてはいけません。私たちは、かれらから学ぶことすらすべきでしょう。

あるやや古風な教会は、ひとりの青年が地域の施設からやってきたことで、驚きを味わいました。彼が今までと同じ、生き生きしたカリスマ的な礼拝の仕方で、活発にかれらの礼拝に参加したからです。しかしかれらはそれにすぐ慣れ、彼の方でも、そのかた苦しいやり方に戸惑うことがありませんでした。彼の母親はその教会を訪ねて、人々が幸せそうに一緒にやっているのを見て、驚きました。

成人障碍者も、他の人たちのように、教会に行かないことを選択することがあります。ある訓練センターで働いていた牧師は、ある人からこんなふうに言われました。彼は特別な時しか教会に行きたくないというのです。ひとりになっていろいろ考えたいからということでした。また彼の友人は、「その教会には知り合いがいませんから」と言いました。(8) これらの言い訳は、よくあるものではないでしょうか。

どんな活動であれ、それに加わることは、障碍を持つ人々の多くには価値あることです。ある教会は、近くの施設の住人を招くコンサートを喜びにしています。コンサート・パーティーの進行中に、主催者の女性は、招待された友人たちのひとりを、自分のステージに加わるように誘いました。すると多くの入所者たちが、それぞれのパートナーを連れて来るようになって、コンサートはさながら教会のダンス・パーティーのようになりました。

別の教会の近くに、知的障碍の成人施設が４年ほど前に始まりました。最初の施設長は、教会のメンバーでした。教会の牧師は、この出会いについてこう回想しています。

私は、彼が最初の居住者の選定に関わった頃から知っています。彼は少し離れたところにある施設を訪ねましたが、そこは、その地方の人々をほっとさせるような外観のところでした。開所の1年かそこら前から、何人かの住民が、時にはスタッフに付き添われて、私たちの教会に姿を現すようになりました。しかし後には、ひとりふたり、自分で、時にはもっと大きなグループで来るようになりました。

夏の間に私は、真の友情を作り上げるためには、教会の集会に加えて、何かしなければならないと感じました。そこで私は教会の何人かの人々と共に、かれらを昼食に牧師館へ招きました。教会の人たちは自信こそありませんでしたがとても意欲的で、おしまいにはみんなが、本当の友情が育ったと感じていました。友人たちは教会のイベントに溶け込んでいると確信できたので、私たちはさらに多くのことをしようとしています。来《きた》る教会の遠足では、私たちは車いすに乗る年配の人たちを迎えることができます。そして、施設から来る友をも、神の家族の一員として迎え入れることを望んでいます。私たちはこの人々を教会の主な家族から分離して、かれらだけのために特別な遠足を行うという誘惑を退けねばなりません。

施設からかれらがグループで来た時、かれらは讃美歌の頁を見つけるなどのことで、会衆に助けてもらわなければなりませんでした。そこで教会員のひとりが、「もう少し広がってばらばらに座ってもらうように、お願いできませんか。もっと多くの人が手助けをする機会ができるでしょう」と言いました。考えた末に私たちは、かれらが自信を持てば、そのうちにグループは自然に分散して行って、固まって座る必要を感じなくなるだろうと結論しました。

礼拝に参加すること

多くの知的障碍者は、神への礼拝を共有することができます。かれらがどれほど理解しているかは難しい問題ですが、特別大きな問題ではありません。礼拝は、頭だけの問題ではないのです。それは、心や魂にもかかわります。知性が弱いところでは、感情、感覚、直感がすべて活発になります。すべてが、神を礼拝することにかかわってくるのです。

ほとんどの知的障碍者は、雰囲気に敏感です。それには、崇敬の雰囲気も含まれています。それだけでも、他の礼拝者たちにとって大きなチャレンジです。

ある療育院のチャプレンは、チャペルに出席しているスタッフの間にクリスチャンがいると、いつもそれとわかります。時には、スタッフの誰ひとりとして、神への礼拝に関心がないことがあります。かれらは祈りの最中でさえおしゃべりして、他の人々に迷惑をかけます。地域の教会だったら、礼拝に結びつく会衆の雰囲気を作り上げることが、もっと簡単なはずです。

しかしその療育院のチャペルで、デイヴィッドはいつも両手を挙げて賛美歌を歌っています。

周りのほかの人はしません。それは本能的な神への応答であるように思えます。

そのチャペルには、イエスと子どもたちを描いた美しいステンド・グラスがあります。高いところにあるのですが、注意を引きます。その牧師は、何人かの障碍を持つ人たちがチャペルに入ると、この光をうっとり見上げているのがわかりました。サラがそれを見ているとき、彼女のいつもの戸惑った表情は、ほどなく「キリストを見ている人」の顔に変わるのでした。

われわれの礼拝の大部分はかれらには理解不能で、したがって退屈だ、と安易に考えがちです。私たちは、かれらの神の臨在に対する感覚を認められないのかもしれません。また、かれらの「属する」という感覚、つまり起こっている出来事に加わっているという感覚を、見くびっているのかもしれません。私たちはおそらく、かれらにとっての退屈さの基準を、自分たちの基準で計ってしまっているのです。理解できない「退屈」な言葉にさらされることはかれらの生活の大きな部分なので、そういう障碍のない人が想像するほど、かれらにとって困ったことでないということは、大いにありうることです。

リチャードは、退屈になればいつでもどこでも寝られるという、侮れない能力を持っており、バプテストの長い説教には、その能力で対処しています。そして、オルガンの最初の音でまた目覚めて、幸せそうに微笑んで、次の賛美歌に備えるのです。それは私たちとあまり変わらないと思います。私は残念ながら非音楽的な人間であり、聖歌隊の賛美歌のときには「スイッチを切って」しまう者だからです。おそらく私たちは皆、礼拝のある部分のほうが、他の部分よりも、より直接的に語りかけてくることを見出すのだと思います。

知的障碍を持つ礼拝者たちは、賛美、感謝、とりなしということをとてもよく把握します。かれらの多くは、通常「Our Father」という名で呼ばれる「主の祈り」が好きです。もっとも、リチャードはそれに「御国が来ますようにの祈り」という名前をつけています。かれらは、この祈りや、他のよく用いられる祈りや、単純な賛美歌の言葉を覚えるのです。お決まりの典礼を用いる教会には、この利点があります。

ある療育院の女性チャプレンは、彼女の会衆が新しい讃美歌や祈りを早く覚えることに気づきました。かれらに理解できる事柄はあまりありませんが、それが問題とは彼女は思っていません。彼女は、かれらがしばしば身振りをつけて歌うようなお好みの賛美歌を選び、歌詞の言葉がスタッフに語りかけることを期待しています。賛美歌は「ベル・カント」で歌われます。つまり曲と母音の響きだけで、子音や歌詞はありません。ある人は踊り、ある人は祭壇の手すりまで駆け上がります。かれらは、「礼拝する」という感覚を感じているのです。

そのような療育院や施設での礼拝から地域の教会へと移ることは、必ずしも容易ではありません。しかし教会は、もし望むならば、十分にそれに慣れることができます。ジャックは幸いな仕方で、療育院のチャペルから地域の教会に移りました。彼は新しい賛美歌には慎重ですが、知っている曲は力いっぱい大きな裏声で、ちょっと調子外れで歌います。最初教会の人たちは、あまり快く受けとめませんでしたが、今では、その声なしではやっていけないくらいです。

いくつかの教会の礼拝スタイルは、他の教会のものよりも、知的障碍を持つ人々に適合的であるように思えます。象徴的動作をたくさん伴って儀式が繰り返されるのは、助けになります。また、生き生きしたカリスマ的な礼拝も、そうです。おそらく伝統的なバプテストの礼拝がいちばん見込みがないように響くでしょう。どちらかと言うと動きがなくて、言葉数が多いのです。しかしリチャードのように、そうした礼拝に加わることを喜びとする人も多いのです。おそらく私たちは皆、自分たちのやり方で苦労している障碍を持つ友人の姿を見て、隣の芝生が濃いだろうと想像しているのです。

礼拝のスタイルは、「礼拝を共にしている」という感覚に比べると、さほど重要ではありません。周囲の人々の態度が決定的なのです。他の人々がすぐに迷惑がるようだと、静かにじっとしていられない人と共に礼拝の席に座ることは、難しくなります。障碍を持つ人たち自身も、おそらく周囲のいらいらを感じ取り、「歓迎されていない」と感じるでしょう。

教会で少しばかり騒がしいときに、周りを見回さないでいることは難しいのではないでしょうか。そのときあなたは親しい笑顔を向けますか、それともしかめ面ですか。

重い障碍を持つ息子のいるメソジストの女性牧師フランシス・ヤングは、その息子アーサーを旧知の教会に連れて行く時はいいのですが、メソジストでもなじみのない教会を初めて訪ねるのは躊躇するということです。黒人教会にいくときは、喜んで連れて行くそうです。

単立黒人教会の解放的な特徴は、礼拝がにぎやかな音に満ちていること、またアーサーも含めて、だれをも喜びと愛と関心とを持って受け入れてくれることです。そこではアーサーに、できれば知り合いたくない人々、うまく対処できない人々と無理に付き合わされることがありません。[9]

態度が極めて大切です。それは私たちすべてへのチャレンジなのです。

ある日曜日、近くの施設からふたりの住人が夕礼拝にやってきました。そのときの様子を、牧師はこう回想しています。

遅れて、騒がしく、とてもこぎれいな服装で、かれらは前に座りました。そして、まったく我が家のようにくつろいでいました。ひとりは、その言葉はほとんど聞き取れないのですが、人と話すことや歌うことは好きでした。私たちは礼拝に集中しなければならなかったので、彼が徐々に静かになってくれることを望みました。彼はそうしてくれました。お祈りや聖書朗読のときには、音ひとつ立てませんでした。かれらは、雰囲気にとても適応していました。説教の最中には、ちょっとした音を立てていましたが、それはまったく悪いことではないでしょう。おそらく、他の人もそうするだろうからです。

迷惑行為

人々は、迷惑行為があるかもしれないと心配します。でも実際は、知的障碍の人だけが礼拝のじゃまをするわけではありません。かれらのうちかなりの人は、そんなことはしません。でも幾人かはするでしょうから、このことは考察してみなければなりません。

まず、注意深い知的障碍者は、おそらくすべてのことを、その語られた文字通りの意味に受け取るでしょう。多くの牧師たちが、説教中のすべての修辞的な問いかけに応答された驚きを語って、クスクス笑います。説教の中にそれらがいかに多く含まれているかに気づくのです。ある人が子どもたちに「あなたは、出て来る前に手を洗いましたか」と尋ねたとき、教会の向かいのグループホーム住人のモードは、自分の手は汚れていると思ったようでした。彼女は歩行補助機でガチャガチャと音を立てて出て行き、ホームに帰って、きれいになって10分後にまたガチャガチャと入って来ました。

答えを期待していない質問への答えは、会衆を楽しませるかもしれませんが、大切な話の要点を損なうでしょう。話と関係のない叫び声は、もっと迷惑になります。デイヴィッドは、療育院のチャペルでの礼拝が好きです。彼は説教者の言葉にこだまするように、声に出して繰り返します。さらに、「ジュディ、ぼくたちは明日どうするの」などと、途中で叫びます。それは、チャプレンが悲しんで認めるのですが、礼拝参加者の気を散らすことです。療育院の壁の外の地域の教会では、どれほどひどく気を散らされることでしょう。

教会はなかなか、深刻な問題があるのを認めたがりません。彼らは、どちらかと言うと融和がうまくいった話をしたがりますが、疑いなくひそかな不平が数多くあるのです。あるバプテストの巡回牧師が、彼が出会ったひとつの問題を次のように語っています。

バプテスト教会のひとつで説教する責務を果たしながら、私は、教会と知的障碍とにかかわる問題があるのに気づきました。それはけっこう大きな教会で、教会が位置している地域社会に真摯な関心を持っていました。その関心のひとつは、その地域の知的障碍を持つ人々の療育院とのつながりを構築したことによって表されました。その働きの結果、20代後半で、かなり重い障碍を持つ男女ふたりが、朝の礼拝に定期的に出席するようになりました。ふたりは並んで前方の席に座り、明らかに十分に礼拝を楽しんでいました。賛美歌の間、彼らはまさに「喜ばしき声を主に向かって上げ」ます。しかし、それはとても非音楽的なので、少しでもハーモニーの感覚を持っている人たちには迷惑に感じられます。しかしもっとも大きな混乱は、説教の間に経験されました。かれらは語られていることに集中できないので、その間ずっととても大きな声で語り合い、ひんぱんに腕を動かし、時おりくすくす笑いました。この行為は、他の多くの会衆にとって、何が語られているかを捉えることを困難にし、説教者にとってさえ、考えの道筋を維持することが難しくなりました。そしてとうとう、もっとも忠実な教会のメンバーでさえ、別室で礼拝について会議しようと提案するほどになりました。

このような状況で、教会の役員たちは、まさしくジレンマに直面しました。かれらは、混乱によって礼拝に集中することが困難に、おそらくは不可能になると感じている人たちに同情しました。同時に役員たちは、礼拝や他の人々との交わりを明らかに貴重だと思っているふたりを、拒絶しないように心を配りました。

いくつかの方法が、この状況を打開するために提案されました。会衆の中の信頼できる人が、迷惑行為を最小限にするために、ふたりの横に座ってみました。しかしこれは、かれらが大きな声で説明を求めたので、混乱を拡大しただけでした。小学科の子どもたちがクラスに行くために礼拝堂を出て行くときに、ふたりを外に出させるというのも、教会の役員たちは乗り気でありませんでした。なぜなら、かれらの喜びのひとつは「大人」として扱われることだったからです。後ろの席に座ることを匂わせただけで、かれらは強い拒絶を示しました。

教会とその役員たちにとって、満足の行く答えを見出すことは、まさに難問であったのです。

状況がそこまで進行してしまうと、満足のいく解決を見出すことは困難です。ふたりの行為が早い段階で、他の人が受け入れやすいように変えられるかどうか、だれにもわかりません。その人たちについて知っていれば、時には潜在的な問題を想定して、それを避けることができるかもしれません。しかし多くの知的障碍を持つ人々は、まさに予測不可能なのです。

ある教会には、何人も障碍のある礼拝出席者がいますが、ほとんどの人は小さな問題しか引き起こさないと見ています。しかしサンドラの場合は大変です。彼女は20代のはじめに、父親がしばしば監獄に入っているような荒れた家庭からやって来ました。16歳の頃から特別な聖書のクラスに出席し、朝と夕の日曜日礼拝にも来ます。1時間も早く着くことも、よくあります。彼女は不快になったり、所在なく感じたりすると、注意を引くためにいろんなことをします。特に、説教のときです。しばしば彼女は暖房の配管をバンバンたたき、会堂じゅうに響き渡る音を立てます。あるいは、傘立てをたたきます。ある週などは、讃美歌の本を口にくわえて、最大限うるさく騒ぎました。

これは、本当にジレンマになります。私たちは、障碍を持つ友人たちをできるだけあたりまえに扱えるために、かれらから「受け入れ可能な」行動を期待している、と言います。けれどもそれは、牧師や会衆のメンバーを困らせるという意味では「受け入れ可能」ではありません。しかし、サンドラはそこにいるのです。そして彼女自身は、積極的ではなくても信仰へと導かれているのです。彼女が注意を引く必要を少なくしようとして、私たちは別の仕方で彼女に注意を引きつけられています。私たちは、どう反応したらいいかわかりません。

もし私たちが不機嫌になるなら、それは彼女の望むところなのです。彼女が賛美歌をかじったからといって、それが問題になるでしょうか。けれどもそれが礼拝を妨げるときには、問題だと感じます。問題は解決されないままなのです。

コミュニケーション――言語的・身体的

困難はしばしば、礼拝を共にすることが基本的に難しいということにあるのではなく、何が求められているかをしばしば理解できないことにあります。言語的にかなり発達している、比較的軽度の障碍を持つ人たちであっても、非常に明瞭で、簡潔で、しっかりした指示による導きを必要としているのです。親の立場で言えば、言いたいことを伝えるためには、どれほどずけずけと物を言わねばならないかを痛感します。快活に「何々していただけますか」などと言うのは、全然だめです。なぜなら、こういう言葉遣いでは要点が失われてしまうからです。婉曲なほのめかしは、無益です。親切な人たちはよく、これに気づきません。

私たちは、言いにくい事柄を切り出したいと思うと、それを丁寧な言い方でくるみます。障碍を持つ友人たちは、より受け入れやすく行動できない、またはそうする意志がないと決めつける前に、かれらがそのことを理解したかどうか、あるいは、違う仕方で取り組まれれば理解できるかもしれないと、考えてみることが大切です。かれらをケアするスタッフが、ここで助けになるでしょう。

身振りによる言語は、私たちの言葉と一致する必要があります。表現、ジェスチャー、声の調子はすべて、使われている言い回しよりも、明確なメッセージを伝えます。だから、それが正しく伝わることが大切なのです。ほほえみなしに、温かい抱擁は避けながら、「歓迎」を表現するなどということは、まったく良くありません。相手を抑制する「ノー」は、よくわかるように、はっきりと響かねばなりません。

ある程度の規制は課することができますが、望ましくない習慣が出来上がってしまってからは、困難になります。いずれにせよ、理解していない人に対しては、抑制にも一定の限界があることをわきまえねばなりません。何かを断固として強制しようとすると、言われた当人も攻撃的感情の爆発を起こしてしまうことがあり、それは厄介です。ここでも大切なのは、個々人を知ることに帰着するのです。爆発を起こすような人でも、愛し信頼することを学んだ相手に対しては、良い反応をすることができます。かれらの友人たちは、何が我慢できて何が受け入れがたいのかを熟慮しなければなりません。そして、少しずつ改善することに力を注ぐのです。

ケヴィンは地域のホームに住んでいて、サンドラと同じく、知的障碍を持つ成人の聖書クラスがある教会に通っています。彼はこの教会で、明らかに心地良く感じています。次のようにクラスリーダーが語っています。

日中に教会の建物が開いているのを見ると、ケヴィンはその中へ飛び込んで来ます。彼も今では、教会のすべての集会が、全員が出席するものではないとわかっています。「お母さんと赤ちゃん」や執事会は、決まった人たちに限定されているのです。

ケヴィンは、時間を守ることについて問題を抱えています。たいていは、あまりに早く来てしまうのです。しばしばドアが開くよりも前です。11時の礼拝に1時間前から来ると、9時半からの礼拝がまだ行われているので、問題を引き起こします。ケヴィンが説教の途中に着き、まっすぐ礼拝堂につながる横のドアから入ってくると、私は少し困惑します。彼のいつもの席にたどり着くためには、聖餐卓と前列の椅子の間を通って、礼拝堂を横切らなければならないのですが、彼は自分の存在がオルガニストと説教者に認められるまでは、進もうとしません。私たちのところの牧師ならどうすべきかわかっているからいいのですが、ゲストの説教者はびっくりしてしまいます。

私は、このことをケヴィンと話し合うことにしました。礼拝の時間について力説し、礼拝の時間より早く着いたら、コーヒーが出る時までホールに座っていることができると提案しました。それから私は、私たちの礼拝堂には、遅れて来た人のために後方にドアがあることを示しました。彼と一緒に外に出て、礼拝が始まったらドアのところに掲げられる注意書きを見せました。ドアから入り、礼拝堂の後ろの階段を上って彼のいつもの席へ行く仕方を教えました。彼は説明を聞き、私について来て、わかったとうなずきました。

しかし次の日曜日、ケヴィンは礼拝中9時半にやって来て、横のドアから入り会衆の前を横切って、自分の席に着きました。私は、前の週にあんなに念を入れて話したのに、彼がそれを覚えていないことに少し失望しました。私は、また別の道を示して、将来彼に決断をさせなければならないと心に決めました。

問題はあるでしょう。しかし教会の多くは、大きな問題を抱えているわけではありません。迷惑行為を恐れていると、それが容易に巨大化してしまいます。おそらくその恐れは必ずしも一方的なものではない、と銘記するのが有益です。ある障碍を持つ女性は教会に行きたいとは願うのですが、それを躊躇していました。なぜなら「私は発作が起きるのが怖いのです。人々はそれを理解してくれないでしょう」[10]。

ハグとキス

「だれも、かれらが抱きついてくるとは、教えてくれませんでした」と、ある療育院のチャプレンは回想しています。その経験は、身体的なショックとしてやってきて、慣れるのはなかなか大変です。それ以来そのチャプレンは、ほかの人にも心の準備をさせるように配慮しています。

自己を表現する手段が限られている人々は、自分の感情を身体的な仕方で表す傾向があります。怒りは身体の攻撃的な動きで発せられます。さらによくあることで、他の人々が受け入れがたく思うのは、友情の身体的な表現です。控えめに言っても、誰にでもハグとキスで挨拶する大人に会うとびっくりします。リチャードは、大人の英国人はキスしあうよりも握手をするものだということ、また女性にハグで挨拶するまでには、相手のことをよく知って親しくならなければならないということを、説得されて少しずつわかるようになりました。それでも彼にとって、たとえ彼が人々にきわめて良く話せるにしても、身体的接触がいかに大切かはわかります。私は彼に強く勧めて、自分の腕を身体から離さないようにさせています。でも、年配の婦人たちが次のように言って私に話しかけてきたときには、責められているように感じました。リチャードが腕を投げかけて彼女たちを抱き、キスするとき、彼女たちはどんなに幸せに感じるかというのです。それで私は、彼女たちも身体を抱きしめることの特別な温かさを楽しんでいるのだ、ということに気づきました。

静かな導き

教会は障碍を持つ礼拝者たちを援助し、必要とあらばコントロールするために、どうすれば最善かを発見する必要があります。マージーサイド教会は、小さな教会ですが多くの人々を教会生活に組み込むことに成功しました。その牧師は、助けになる方法を提案しています。

礼拝では、かれらは固まって座ります。かれらが場合によって必要とするどんな助けも、障碍を持つ人の近くに座ってはいるけれども、すぐ隣ではない人によってなされます。それが私たちのメンキャップ・フレンドです[11]。私たちはかれらを、実際にそうであるように、大人として扱うことを追い求めています。

支え、助け合う雰囲気があれば、もっといろんなことができるようになります。多くのダウン症の人たちが、喜んで会衆の献金を集める係を務めていると聞きます。先述の教会でもそうなのですが、この奉仕は通常、かれらがうまくできるものなのです。その牧師はこう語ります。

ドリーンが献金を集めた最初のとき、彼女は非常に厳粛に務め、聖餐卓に向かって最敬礼しました。私は、その喜びと共感によってあまりに圧倒されたので、感謝の祈りの言葉も出てこないほどでした。

別の教会では、サイモンが同じ仕事を同じ厳粛さでしています。しかし彼は、通路を戻って来るときに、無邪気に満足の気持ちをそのまま会衆に向かって表わすのを抑えることができませんでした。

このことは、人々がそれを滑稽だと考え過ぎなければ、愛すべきものです。場合によって、おどけた振る舞いは問題になります。ダウン症を持つ多くの人々は偉大な道化役者で、人々を笑わせて楽しんでいます。友人たちは一緒に楽しみ、みんなでよく笑います。しかし限度を超えるのは許されません。さもなくば、無邪気に始まったことが、問題になってしまいます。ある牧師は、奉仕者たちのお辞儀が、会衆にとって祭壇よりも注目すべきものとなることについて憂慮しています。故意に注意を引いているというのです。

この牧師は、スイッチの入ったマイクについても、注意の言葉を付け加えます。ダウン症の道化師たちはマイクを占拠して、歌手のようになってしまいます。そうなりそうなら、礼拝が終わったところでなるべく早くスイッチを切る方が良いのです。あるとき、ダウン症の若い人が、覚えたばかりのメロディを療育院のチャペルのマイクで歌い出しました。チャプレンが恐れた通り、礼拝から出て行く会衆は、うんざりするような命令を何度も聞かされる破目になりました。それ以来、礼拝の終わりは、祝祷、アーメン、そして即スイッチオフとなりました。

理解すること

障碍を持つ人たちは、どれくらい理解することができるのでしょうか。これもよくある質問です。答えるのは、簡単ではありません。しかし確かなのは、多くの者は礼拝が何についてであるかを、なにがしか把握するということです。

私たちは、単純で直接的な言葉を使うようにすることができますし、かれらが参加できるものを礼拝の中に設けることもできます。しかしかれらに理解させることに神経質になってもいけません。私たちは、それを神に委ねるべきです。「参加する」という感覚は、福音とどこか関連しているのです。

ほとんどの障碍を持つ人々は、みんなと同じように賛美歌の本を渡されるのを好むでしょう。たとえかれらがそれを読めなくて逆さまに持っていても、です。読めないのは体面にかかわると思っている人もいます。ですから大切なのは、かれらが読めるかのように見てあげることです。リチャードは、賛美歌を言葉の長さによってすばやく探し、歌おうと試みる価値があるかどうかを決めます。ないと判断すれば、たいてい彼は私たちが歌う言葉の後について歌うことになります。私が歌詞を知っているので頁を開くのを遅らせているときは、彼がすばやくそれを私にしてくれます。

ある者たちは、たとえ文字を読みとることが難しくても、讃美歌番号を探して見つけることはできます。そしてそれを多くすることは、かれらにとって大切なのです。それでルースは、目が不自由な教会員を助けたいと思って、賛美歌と聖書のページを探してあげました。「だって、彼女は番号が見えなかったのよ」。

もちろん、限られた理解力は、善意をもって適応しようとする人たちにとっても問題になり得ます。それを別のクラスリーダーが、次のように説明しています。

30代半ばのノーマンは、ダウン症です。本人の言によると、彼は「程度が高い」のです。

とてもよく読み書きができます。ウィリアム・バークレーの聖書注解書を読みますし、聖書クラスの熱心なメンバーとして18年も出席し、教会員として3年過ごしました。彼の母親は厳しい性格の人で、ノーマンに、自分を信じて全力でできることをするように育てました。このことは、ああ、おのずからとても強い自尊心となって表れています。彼はこの年月、教会とクラスに出席し続け、とても良い人であるに違いありません。確かに彼は「殺しも盗みも」しません。でも、彼のプライドはおそろしいほどです。ある時私は彼に教えていて、十分に理解させるために言いました。「私は多くの悪いことをします。スミスさん、あなたはどうですか」（そう言って、スミスさんという別のリーダーに呼びかけたのです）。すると、ノーマンが言いました。「ええと、私たちはあなたたちとはぜんぜん違いますよね」（大切なことは明らかになりませんでした。いつものことです）。

ノーマンと、バプテスマを受けることとまた教会のメンバーとなることについて話してみて、疑いなく彼には神への信仰と、イエスを主また救い主とする信仰があるとわかりました。私たちは、彼の他の言動も障碍の一部として受けとめて、できる限りその修正を目指さなければならないと思います。でも、彼自身が人を寄せつけなくしているのです。だれも彼に執事会（バプテスト教会で、日常の様々なことをするために選ばれる委員会のことです）の一員になるように頼まないので、彼は今とてもご機嫌ななめです。彼が執事になれないのは障碍のせいではなく、この彼の態度のためなのです。それを、私たちはやさしく、しかししっかりと彼に伝えなければなりません。

多くの比較的重い障碍を持つ人々は、小さな問題はあっても、静かに教会に適応し、深刻な問題を起こすことなく所属しています。しばしば、キリスト教的忍耐にとって大問題であると思われるのは、むしろ一般的にはより高い能力があっても、限られた理解しかできない人たちなのです。教会にはよくリーンのような人がいます。

リーンは40代の半ばです。彼女は、脳圧をそらせて下げる技術が開発される前の時代の、脳炎の犠牲者です。彼女は多分に子どもっぽいところはありますが、聡明で知性的です。しかし彼女の問題は、その8歳児のような情緒の発達にあります。彼女は難聴で、大きな大きな声でしゃべります。また、聖書の舞台であるイスラエルに執着を持っています。彼女の牧師は、それをこんなふうに語っています。

彼女は、なんにでも首をつっこみます（もちろん病気のときでなければ、ということです。病気のときには、彼女は電話をかけてきます。少なくとも1回、しばしば2回。それはそれで大変です）。彼女は（冬でも、夏でも）ウールの帽子をかぶって教会に来ます。彼女はとても大きなかばんを持っていて、その中には聖書、讃美歌、その他なんでもあります。彼女は前列の席にでんと座り、自分の持ち物や宝物を乗せるためのもうひとつの椅子が自分の横にあるのを確かめます。

それから彼女は台所に行って、コップ一杯の水を持ってきて、それも横の椅子の上に置きます。讃美歌の番号が聞こえないと（よくあるのですが）、大きな声で尋ねます。説教の間は、彼女は（難聴で）それを聞くことができないので、ハウリングを起こすくらい補聴器のボリュームを上げるか、そうでなければ居眠りをして大きないびきをかきます。どの集会でも終わりになると、彼女はのっそりと牧師のところに来て、彼を万力のような爪でつかまえて、こう言います。「さあ、クラーク牧師、あなたは何が必要かわかりますね。あなたはよく休むべきです」。これは彼女の基本的な母性愛なのです。かと思うと、反対にこびるような振る舞いをすることがあります。からかう人に対して、少女のようにこう答えるのです。「バギューン、撃つぞ」。

なぜ、このどちらかと言えばありふれた話をするのでしょう。それは第一に、教会はいかにして愛することを学ぶかを示すためです。女性会員たちはひどくぼやきながらも、リーンは決して放っておかれているわけではないということです。若い人たちは彼女を取り巻いて一緒にいます。ほかの人たちもそうです。二番目の理由は、一番目を説明しています。彼女は、祈りの輪ができるための、神から私たちへの贈り物なのです。祈りの輪、つまりかれらが静かに主への願いをつぶやくと、その祈りはリーンには物理的には聞こえませんが、でも正しい時にリーンは讃美歌の本や聖書を手にとって、正しいことを、まさにそのときにふさ

郵便はがき

料金受取人払郵便

小石川局承認

6313

差出有効期間
2026年9月
30日まで

112-8790

105

東京都文京区関口1−44−4
宗屋関口町ビル6F

株式会社　新教出版社　愛読者係
行

＜お客様へ＞
お買い上げくださり有難うございました。ご意見は今後の出版企画の参考とさせていただきます。
ハガキを送ってくださった方には、年末に、小社特製の「渡辺禎雄版画カレンダー」を贈呈します。個人情報は小社、提携キリスト教書店及びキリスト教文書センター以外は使用いたしません。

●問い合わせ先 ： 新教出版社販売部　tel　03−3260−6148
email : eigyo@shinkyo-pb.com

今回お求め頂いた書籍名

お求め頂いた書店名

お求め頂いた書籍、または小社へのご意見、ご感想

お名前	職業

ご住所　〒

電話

今後、随時小社の出版情報をeメールで送らせて頂きたいと存じますので、
お差し支えなければ下記の欄にご記入下さい。

eメール

図書購入注文書

書　　　　　名	定　価	申込部数

わしい神の言葉を読むことでしょう。

アレックスのような人も教会によくいます。彼は40代のダウン症男性ですが、ノーマンやサンドラと同じ教会に所属しています。

彼はバプテスマを受けて、数年前に教会員になりました。彼の敬虔な礼拝態度、特に主の晩餐における姿勢は、多くの人にとって信仰的な刺激です。彼は自分で讃美歌を作って、何度も歌います。

何年もの間、彼のお父さんが末期の病気だったとき、彼は父親のために毎朝熱心に祈りました。お父さんが回復しなかったときにも、失望しませんでした。

アレックスはとても謙遜なクリスチャンで、それを知るのは大きな喜びです。

第４章　教会はかれらのために何ができるか？

キースが大学に入るために家を出たとき、リチャードはとても悲しみました。キースがすぐ近くにいたので、リチャードは兄の活動の多くに参加していたのです。今や彼はひとり残されました。兄の学校も離れていますし、従って学校の友だちも離れています。愛するいとこたちも遠くにいます。また近所の子どもたちも、仲がいいとは言え、ここにはもはや特別な相棒はいません。「古い世代」の両親にべったりくっつくのは困難でした。

「リチャード、散歩に行かない？」「午後、一緒にスヌーカーのゲームをしない？」教会の若者のひとりが、最近結婚したばかりだったのですが、キースとその友人たちが大学に行ってしまって最初の数週間の間、本当に親切にリチャードに声をかけてくれました。日曜日には、ギャリーが援助の手を差し伸べてくれて、リチャードが教会の若い人たちの中に居場所を新しく見つけるのを助けてくれました。

リチャードは、今自分が教会の中でのそのグループに属しているとはっきり感じており、かれらは心から受け入れてくれています。リチャードが腕を広げてかれらに抱きついたり、かれらにおぶさって居眠りしたりしても、かれらは動揺しません。二、三人の友人が自覚的に彼を思いやってくれることを通して、幸福な関係が発展してきました。かれらのすべての活動が、リチャードに合うとは言えません。でも、彼に合う活動では、すぐ仲間に入れてくれます。かれらは自分たちのことを彼に伝え、彼のことにも興味を示してくれます。彼が様々な働きを手伝うことを歓迎してくれます。彼を責任ある大人として扱い、また彼が必要とするときには、そのための責任を負ってくれます。かれらは本当の友人です。

受け入れること

円満とはほど遠いものの、リチャードには人と交際する力があります。それでも、このような適応の仕方は、私たち両親にとって喜ばしい驚きです。障碍が重くなれば、それはより難しくなります。しかしやる気さえあれば、驚くべきことができるのです。

理想を言えば、障碍を持つ人々は身体障碍と知的障碍とを問わず、障碍については最小限の苦情で、個人としては最大限の評価で受け入れられるべきです。成年に達していれば、「精神年齢」がいくつであっても、大人として受け入れられなければなりません。場合によって何らかの制限が加えられることも認められますが、かれらと関わるにあたって、それが支配的となる必要はありません。

私の父が失明したとき、私たち家族は「これを見て」とか「あれ見て」とか言わないで、むしろ見ているものを言葉で描写し説明することを学ばねばなりませんでした。姉と私が母の新しいドレスをほめるとします。その場合、父は片隅で放っておかれたように感じるかもしれません。そうならないために、私たちが父にそれがどんなであるかを説明することができれば、それが母に似合うのを想像することができます。

同じようにジェインは、教会学校の自分の生徒たちに質問するときに、サリーはお話の内容をあまりよくわかっていないことを知っています。ジェインは黙ってサリーを飛ばして質問することもできますし、他の人たちに「サリーはわからないのです」と言うこともできます。あるいはサリーが答えられるような質問を考えることもできます。「ジョン、羊飼いは何匹の羊を囲いに入れましたか」「99匹です」「そうですね。ミーガン、羊飼いは幸せに感じましたか」「いいえ、だって1匹が迷子になったからです」「サリー、迷子の羊は何と言いましたか」「メエエ……」「その通り」。こうしてサリーは、クラスが進んでいくうちに、自分も満足して羊のように声を上げるのです。

教会によっては、自分たちの中の「余計者」を過剰に気にするでしょう。賛美する喜びが、不協和音を発する歌い手によって損なわれたと感じるのです。また自分たちの集中が、一隅からの奇声と落ち着かない動きによって壊されたと思うのです。しかし他の教会は、これらの事柄をいとも簡単に乗り越えるように見えます。ある牧師は、最近30人くらいの小さな教会を訪ねて、出席者のうち9人が知的障碍がある人だと気づきました。しかもだれひとりそれを特殊だとか特別だとは思わないのです。彼は外からやって来てそのことに気づき、しかもその人たちは教会のまさに不可欠の部分であることに気づいたのです。

特定の人をその人たちのために任命する教会もあります。理想的には、ひとりより多い人数です。かれらが障碍を持つ人たちを教会の真ん中へと結びつけるのです。これは大きな助けになります。特定の人の任命には慎重な教会もあります。なぜなら、教会全体がそうした人々を中心へと連れて来るからです。

私たちは、リチャードが人を名前で知ることが大事だと考えているのがわかります。彼は私を責めるのです。地域の店や駅やその他の場所で私たちのために働いてくださっている人々の名前を教えないからです。彼はポイントを突いています。でも私はまだ、リチャードのように直接的な仕方で、「ハロー、ぼくはリチャード・バウアースです。あなたの名前は？」などと人々に接することができないままです。

人に名前をつけて呼ぶことは、その彼または彼女を人間として見る助けになります。駅員や郵便屋、「不具者」や「馬鹿」の単なる一例と見るのではなく、人格を持つ人間として見る助けとなります。教会における神の家族においては、この個人としてのしるしを各人に与えることを旨とすべきではないでしょうか。しかし、実際に私たちが聞くのは次のようなことです。

ずっと継続して教会に来ている母親が、その息子が生まれてからは、自分の名前ではなく「あの変な子のお母さん」として会員に知られるようになってしまった。(12)

このような罠に落ちるのは、実に容易ではないでしょうか。人を名前で知ることは、認知と受容のための重要なステップなのです。

かれらを見くびらないこと

マーティンは、知的にも身体的にも重い障碍を持っています。彼の両親は献身的に彼の世話をしています。体調が十分に良いときには、マーティンはデイケアセンターとローマ・カトリック教会に出席しています。ある日のこと、司祭が母親を呼び止め、彼女と語らい、動けないで横たわっている少年にほほえみかけました。司祭は立ち去るときに、いかにも親切そうに言いました。「ああ、それでもプライスさん、少なくともあなたはマーティンには完全に罪がないことを知って慰められますね」。すると突然、マーティンが思い切り大きな声と身振りとで興奮を表しました。母親は彼の興奮を静められませんでした。次第に彼女は、マーティンが、司祭の意見かあるいは彼女の緊張した反応に、何かを感じ取ったのだと信じるようになりました。マーティンのこの怒りは、人間には罪を犯す力があるという主張ではないだろうか。とうとう両親は彼を知っている修道院に連れて行きました。そこで１、２時間を過ごした後、マーティンの精神は聖い平和で満たされました。

その話を読んだだけならば、私は「信じがたい」と思ったでしょう。私はそれを彼の母親から直接聞いて、彼女もまたほとんど信じられないと思っていることがわかりました。でもこれは本当です。

知的障碍を持つ人たちは「聖く、罪を知らない」という慰めは、ひんぱんにそしてとても親切に、両親に語られます。多くの両親は、それを心を乱す言葉として受けとめます。私たちは自分の子どもに罪を犯してほしいとは願いません。しかし「罪を犯すことができない」というのは、なにか「人間でない」と言われているような気がするのです。

障碍を持つ子どもの母親は、子どもが故意にするやんちゃな振る舞いについて、話を交換するのを喜びます。それを聞くと、「普通だ」と安心するのです。私たちはいつも、リチャードが自分が「ルール」を踏み越えたことを知っているかどうかが、わかりました。なにかのことで叱られると、彼は悪いということがわからなくて泣いたものです。注意を引こうと思ってか、わざと怒らせるようなことをしたときには、彼はためらうことなく罰を受けました。それは腹立たしいことですが、啓発的でした。

障碍を負った成人は、しばしば善悪についての道徳的感情を持っています。この道徳的感覚は限られた範囲でしか働きませんし、人によってはまったく働きません。しかし「これは悪いことだ」とか「申しわけない」と感じることができる人なら、道徳的感覚が否定されるのを望みませんし、その必要もありません。

性格は、知性の事柄そのものではないのです。もし障碍を持つ人たちが、朗らかな人格に見えるなら、それはかれらに「知性がない」ことから来るのだと、無造作に決めつけるべきではありません。

家族を支援する

ある母親は、牧師が家に訪ねて来ると聞いて、こう答えました。

子どもをずっと世話することで疲れきっているので、もし決まりきった言葉を言うために来られるのでしたら、お断りします。でも、2、3時間でも息子の世話をしてくださるのでしたら、話は別です。(13)

とてつもないケアの負担が、障碍を持つ人の家族にのしかかっています。今日の政府の政策は、両親が自分たちの子どもを家庭で見るようにと求めています。家族以外で、これがどういうことかをわかっている人は少数です。重い知的障碍は、しばしば身体的な障碍を伴っています。心臓病、視覚障碍、聴覚障碍、身体のコントロール不全、大小便の失禁、てんかん、これらや他の問題が、時には同時に複数存在します。上記の母親は、コミュニケーションが困難で応答できない子どもを持っていて、おそらく十分に眠ることができないのです。それが、気力をくじかれ、くたくたになるということなのです。

リチャードのような、比較的知的レベルが高くて健康な子どもは、そんなに難しくありません。いくぶん幼い子どものようなニードがあるだけです。それでも私たち両親は時折、睡眠を奪われました。夜中の二時に最大音量で鳴るレコードの音で起こされたことがあります。彼の上機嫌なダンスに、家が振動していました。またあるときには、トイレから聞こえてくるうめき声に目覚めたこともあります。リチャードは息を詰まらせながら、早めの朝食の盗み食いの証拠を吐き出そうとしていたのです。バナナの皮も混じっていました。ゆったりした「セミ」（二軒一棟の家）だったら、おそらく彼は、近所迷惑をかけずに済んだでしょう。しかしアパートの真ん中の生活であることを想像してください。……ある父親は、いつも真夜中に息子の車椅子を押して散歩に出かけます。その子を静かにさせるためです。

ティムという別のダウン症の子は、近所の道を夜中に自転車で走るのが好きです。彼の家族は「ノックス要塞」(14)並みの堅固な夜中の安全プログラムを作りました。

障碍やふるまいの問題がしんどくなればなるほど、友人たちにベビーシッターをお願いするのは大変になります。特にその「ベビー」が屈強な成人となった場合にはなおさらです。両親と同じくらいその子への接し方がわかっている人が、1、2時間でも助けを申し出てくれるなら、それはもう至福と言いたいことなのです。

兄弟や姉妹たちは、介護の重荷を分担してくれます。障碍を持つ子の姉が回想しています。「私は考えると、彼女がどんなに放置されていたかを思い出します。しかしまた、わずかな間でも彼女の世話をするのがどんなに大変だったかも思い出すのです」。年齢の役割が逆転して、年少のきょうだいが年長の子の責任を見なければならない場合は、特に大変です。

兄のキースが12歳のときに、学校の校長先生が私たちに、彼はおおぜいのきょうだいの一番年上なのかと尋ねました。私たちは、「いいえ、年下の子がひとりいるだけです。でも、その子はダウン症なのです」と答えました。校長先生は言いました、「それでわかりました。彼はこの年にしては大人びていますからね」。それは両親にとって悲しいことでもあります。

さらに悲しいのですが、聞くところによると、ふたりの障碍を持つ子どもがいる愛すべき家族の中で、健常者の姉が、まだ幼い子どもだというのにストレスで精神的な治療を必要とするまでになった、というのです。

障碍を持つ子どもや成人が家族に世話されている家では、実際的な助けが、両親や他の家族にもっと向けられて良いのです。何であれ、ストレスや苦しみ全体を軽減することは、長い目で見て障碍を持つ当人にも益になります。

必ずしもすべて両親や兄弟姉妹が、試練に立ち向かう信仰を見出すわけではありません。教会からのサポートがあまりにも少ないので、信仰が保たれたのはほとんど奇跡だと話す人もあります。重い障碍を持つ女性の母親は、次のように書いています。

> 助けが絶対的に必要でしたが、教会からは決して得られませんでした。私たちは、自らをしっかりと立たせる、とても強い信仰を持っていました。人々がわかってくれなかったのは、家族全体が障碍を負っているということです。人々が、とくに教会がそれを理解するのは、大変重要です。しかし牧師たちは、この問題を避けています。かれらは何を語るべきかわからないのです。

すべての人が実際に支援できるわけではありません。それができるのは、おそらくとても少数の人です。しかし教会の人すべてが、心に覚えてはいるべきです。祈りは、それが状況に開かれた心から出たものならば、実際的で力強い支援の形式なのです。ある父親が深く教会生活に関わっているのに、自閉症の息子の34年間の人生で、「たった一度しか彼について教会で祈られたことはありませんでした。そしてそのことで介護《ケア》と協力《シェア》の聖務をしていると誇らしげに語る教会があります」などというのは、悲劇です。その息子は９歳のときからずっと療育院で生活してきたので、教会には見えなかったのです。それでも、その父親の地域での「メンキャップ」（巻末注11参照）活動は、教会に知られていたはずなのです。

父親はこう書いています。「私の信仰は強く残っていました。しかし悲しいことに、妻は信仰に深い疑問を持ち、将来を心配し始めました。この時点で、家族なる教会は、真の助けとなるべきでした。それはなかったのです。司祭は祈りですら申し出てくれませんでした」。彼の妻は早世しましたが、「このときも助けてくれたのは教会ではなく」、職場の人々でした。これは、今でも献身的で活動的な教会メンバーの述べた手厳しい証言です。

グループホームを支援する

障碍を持つ人々がグループホームやホステルで共同生活しているところでは、実際的な支援の範囲が広がります。教会の友人たちは、ホームのスタッフと接触して、どんな援助が役に立つのかを発見する必要があります。スタッフの中には、自分の方でも喜んで教会の活動を手助けし、いろいろ親切にアドバイスすることのできる、非常に優れた人がいます。能力という点では幾分弱いですが、ホームを円滑に運営する力を持つ人々もいます。かれらも友好的でしょう。ホームによってはスタッフがひんぱんに交代するところがあり、その場合、近所に継続的に友人がいるのは貴重です。

ある教会の経験です。近くのホームのスタッフは最初は多少教会の関心を警戒しましたが、教会の人々が非常に友好的で、ホームの居住者が様々な教会活動で歓迎されているのを見たことで、関係は和らぎました。長くたたないうちに、そのスタッフは、教会から訪ねてくる人を歓迎するようになりました。それは特に、その地域で一般的にホームの居住者が経験していた不親切な態度について、こぼすことのできる友人としてでした。

常駐のスタッフがいないホームでは、障碍を持つ隣人は、日常活動の全般について援助や助言を喜ぶでしょう。料理、庭仕事、飾り付け、公共交通機関の利用、通信への対応などです。かれらは生活の主だった領域についてはすべて訓練を受けているはずですが、日常生活のすべてをカバーすることはできないはずです。新しい料理の仕方や、土地に適した植物を教わるとか、地域の活動に連れて行ってもらうなどを喜ぶはずです。

「フレンズ・フォア・フレンズ」（英国の慈善運動）というような、友だち作りの組織がある地域もあります。そうでなければ、個人で主導するしかありません。障碍を持つ隣人が人生をもっと豊かに過ごすために、想像力を働かせて支援しようとする人は、いたるところに果たすべき役割があるのです。

教会の力を引き出す

この役割は、かれらを教会の既存の活動に招き入れること、あるいは、特別な企画を実施することによって成し遂げられます。前者は、今日なされている統合やノーマライゼーションの強調に適合しています。しかしまた、特別な企画のほうが適切である場合もまだあるのです。

礼拝の他にも、たいていの教会は様々な活動をしています。定期的活動と臨時の活動、遊びのグループから年金生活者の昼食会まで、収穫感謝祭の食事会から若者たちのハイキングまで。これらのうちのどれかが、ひとりまたは多数の、それに適した年齢、性別、好みの障碍者たちを受けとめるでしょう。

ダウン症によって、幼いリロイの学習プロセスは遅れるかもしれませんが、彼がカブスカウトの奉仕をするさまたげにはなりません。ジョージーは、なんとガールスカウトの誓いの言葉を覚えました。しかし言語的な定型句を暗記することが必須条件ならば、それは人によっては「障壁」となります。それがなければ、こうした組織への参加を楽しめるのです。

リチャードが入っているユース・クラブは教会付属ではなく、エディンバラ公アワード[15]の組織への参加者のためのものです。彼は、自分より能力が高い者たちの中に混じって、それを学んでいます。いくつかのことは自分の力を超えていること、自分が興奮しすぎておかしな行動を取ると、他の子たちがからかうということを彼は受け入れています。しかしその子たちは親切ですし、彼自身も適応しようと努めています。水泳やスケートは、かれらと共にしてきました。劇場に行ったり、メンバーの誕生日にはディスコにも行ったりします。「ブロンズ・レベル探検」というのは、リュックサックにキャンプの道具を入れて持って行く2日間の山登りで、歩くのが得意でないリチャードにとっては、定めしきついものです。その行事の後で友人たちは、リチャードがどんなにがんばったか、両親に教えてくれました。彼は疲れましたが、決意を持って取り組んだのです。かれらはリチャードのことを誇りに感じていました。多くの教会が、同じように、ひとりかふたりの障碍者を含む、若者のクラブ活動を行っています。

週日にコーヒーラウンジを運営している市街地中心部の教会がありますが、そこには、近所の特別学校が社会性を訓練するために喜んで上級生を送り出しています。それは教室でのロールプレイを発展させたもので、商業的なカフェよりも安心できるのです。

別の教会は「お休み散策」を計画しました。障碍を持つ友人たちには散歩好きがいないとわかっていたので、教会はこの行事については案内していませんでした。当日、人々が教会の外に集まっていると、ハリーがトレーナーを着て弁当を持ってくるのが見えました。みんなはうろたえました。ハリーは貼り紙を読んで、ちゃんと身支度して、正しい時間に現れたのです。人々が恐慌をきたしたのは、彼の歩くペースがあまりにも遅いからでした。ハリーは50歳を超えていて、歩き慣れていませんでした。計画されていたルートは、長く、ところどころ険しい上り坂がありました。

ハリーがゆっくり進むにつれて、一行は二派にわかれました。ひとつのグループは、彼を置いて行くなどとんでもないと言いました。もうひとつのグループは抗議して、彼はついて来られない、連れて行くのは無理だと言いました。牧師は迷いましたがついに、彼を連れて行くのは実際的ではないので、自分の妻をホステルに同伴させて、スタッフに事情を説明させようと裁定を下しました。その時、ひとりの女性教会員が車で追いついて来て家族を何人か降ろしたのですが、自分は年配の友人を昼食の場所に連れていくので、ハリーも一緒に連れて行こうと提案してくれました。ホステルの管理人はハリーに助け舟を出してくれて、うまく運ぶような新しい対処法を説明しました。次に教会でハイキングを計画するときには、ホステルの居住者で参加したい人のために、慎重に準備を立てることになりました。

冬にこの教会は「家族で過ごす日曜の午後」というプログラムを企画しました。すべて自己負担で、大人たちは家族生活についての映画を見て、それからお茶を飲み、最後にディスカッションの時となります。その間、別室では子ども向けの映画が上映され、休憩の後、子どもたちも大人のお茶に加わります。最後に、全員集まって短い礼拝を持ちます。ホステル居住者はごく自然に参加しましたが、特に子ども向けの映画を見て満足しました。かれらにとってよりわかりやすく、楽しめたのです。かれらだけが2番目の部屋にいた成人ではありません。というのは、ほかの数人も子どもたちの係として、この同じ映画を見ていたからです。食堂で押し合いへし合いして順番を待つようなことを、障碍を持つ人のグループは好まず、むしろ自分のお茶をあらかじめ持参して飲む方を好みます。それでこの時は、友人たちがかれらに飲み物を運びました。

周囲の人々の善意と、参加することへの承認が大事です。それによって教会生活に驚くほどの広がりが生まれます。

特別な準備

近所にかなりの数の障碍を持つ人たちがいることに気づいて、特別な準備をすることを決めた教会もいくつかあります。これにもまた、いろんな形があります。それは大まかに言えば、どんな需要があるかを見つけて、想像力を加えて豊かにしていくことです。多くの教会が会衆の意見を取り上げて、その地域の必要を尋ねて回り、知的障碍を持つ人たちのための備えが求められていると思うようになりました。

いくつかの教会では、障碍を持つ子どもか若者か大人のためのクラブを運営しています。こうしたクラブは、１年を通じて毎週あるいは毎月行われるか、あるいは学校の休暇中に週に２、３日子どもを連れて行く「ホリデイ・クラブ」というのもあります。教会にはたいてい、そのための適切な建物や設備があります。これらの活動は多数の援助者が必要で、場合によって教派を超えた教会の協力によって成り立ちます。あるクラブはバプテストの建物、メソジストの食事係、カトリックの運転手、そして援助する用意のあるすべての教会からの友人によって運営されています。比較的能力が高い障碍者の場合でも、かれらが時間をかけて誰かと話しあうことを喜ぶようになるにつれて、スタッフの人数の比率が高い方がありがたいと思うようになります。

教会によっては、知的障碍を持つ成人のための特別な聖書クラスがあります。「重い学習障碍」という言葉でくくられる能力の幅があまりにも大きくてたじろぐほどであっても、これらの教会はこの聖書クラスが可能であり、評価できるものでもあると考えているのです。ひとりのリーダーは、その典型的な祈りの時間を、こんなふうに描写しています。

「神さまにお祈り。みんながお茶に家に来てくれて、うれしい。アーメン」とお客好きのスーザンは言います。

「おばちゃん、アーメン」とジョンが言います。この一語で、彼の世話をしてくれる女性について、神への感謝をささげ、彼女への祝福を神に祈っているのです。

続いて、メアリーが長めの祈りを始めます。聖歌や聖書の章節の言葉をちりばめた祈りです。


既存のクラスの継続性や人気が物語っているのは、この分野ではまだまだ多くのことが、おそらく全教会的になされうるということです。障碍を持つ子どものためのクラスも、同様です。ふたりの自閉症の幼い息子の母親は、息子たちが地域の教会学校で受け入れられないと言います。ふたりのふるまいが極度に社交嫌いだからです。彼女は言います。「しかし家では毎日聖書物語を読み、子ども讃美歌を歌って一緒にお祈りしているんです。……教会が合同で、町の中心部で教会学校を持つことを考えていただけないでしょうか。ミニバスや車で『知的障碍』を持つ子どもたちを拾っていって、また家に連れ帰ってくださると助かるのです。月に一度でも、助かります。同じようにして、『知的障碍』を持つ成人のためにシンプルな礼拝をしていただけると、孤独に陥りがちな人を助けて、将来への希望を持てるようになると思うのです」。このことは可能ですし、感謝されます。しかしこうした活動は、相当長期にわたる関わりを必要とします。

かなり多くの教会が、知的障碍の人を招く「メンキャップ」（巻末注11参照）礼拝を随時行っています。そこでは、かれらが面白く感じるような、単純で生き生きした内容の礼拝が計画されます。おそらくこうした集会は、障碍者に対する関心が現にある時に、最高のものとなります。このいいところは、単に障碍者のためであるのみならず、他の人たちにも多くのことを知ってもらうことにあります。

諸教会はしばしば、一度限りの活動は助けにならないと気づくことがあります。しかし継続的な関わりの重さを予想すると、くじけてしまうのです。次のふたつの例が、教会の多くが取り組めるレベルでは、何ができるか示しています。大切なのは、人々の善意をあてにするだけでなく、具体的に関われる時間を確保する必要があるということです。ボランティアにあまり繰り返し頼らずに、継続的な関わりを実現することは可能なのです。

ある教会の家庭グループ[16]に、近くの知的障碍の成人施設で働いている男性がいました。そのグループでは、援助のために何ができるかに関心を抱き、また真剣に考えるようになりました。かれらは教会の日曜日の昼食会に、十数人の居住者と6人の職員を招くことにしました。このグループのひとりは、次のように回想しています。

昼食会が近づくにつれ、私たちはとても心配しました。向かい合ってどうしたらいいのか、何を話したらいいのか、「異常な」言動が飛び出したらどうするのか、とかです。

かれらとつき合うのは、想像よりはるかに簡単でした。かれらが到着したときには、音楽に例えると曲調は「堅苦しい」ものでしたが、徐々に「リラックス」しました。そして「ハッピー」な調子で終わりました。

昼食をみんなで楽しんだあと、

家庭グループや施設居住者の中で活発な人々は、学校の体育館でバスケットボールをしました。これはとても楽しかったです。いくぶん騒がしかったかもしれませんが。

その家庭グループは、それ以来、昼食会を3か月に1度くらい開くようになりました。そして、施設の住人たちをよく知るようになったのです。ひとりかふたりが時々教会に出席して、受け入れられました。会衆は、ほかのみんなより30秒後にとても大きな声で歌う若者に慣れました。このグループは、かれらのためにニューイヤー・パーティーを計画しました。食事の後に、ディスコをしました。「これは、とてもおもしろかったです」。

私に報告してくれた方は、自分たちの経験から次のようなアドバイスをしてくれました。

心配しないで。

この人たちは、愛情のための大きな余地を持っています。

何ができるか、かれらが何に興味を持っているかを見つけなさい。

かれらのために祈りなさい。

何であれあなたがすることを、一度限りにするのではなく、継続的関心を確立しようと努めなさい。


また別の教会では女性会が、協議会の講演者から、知的障碍の人たちをお茶に招いてみたらとチャレンジを受けましたが、「人的・物理的にこの企画は難しい」と感じました。その代わり、彼女たちは教会の他のメンバーと関心を共有し、その後地域の社会福祉事務所に、ためらいがちではありましたが、何かをしたいのだがと申し出ました。ボランティア・サービスのコーディネーターが示唆したのは、障碍を持つ子どもの両親は、クリスマスの3、4週間前に、子どもの世話をする責任から自由になって、夫婦そろって買い物に行く土曜日の数時間をぜひ必要としているということでした。

教会がこのイベントに関心を持っていること、そして教会の建物がそれに適切であることを確かめた上で、コーディネーターは、教会のボランティアを支援するために、訓練されたソーシャルワーカーを丸一日派遣する約束をしました。「お楽しみデー」に責任を持つ教会のメンバーは正規の看護師でしたが、彼女も他のボランティアのほとんども、以前に知的障碍を持つ人たちと関わった経験がありました。

社会福祉事務所は、その日の行事について両親に説明し、2歳から16歳の14人の子どもたちとその両親が招待に応じました。

教会は、その時間に延べ45人がボランティアにつくよう配置しました。ソーシャルワーカーからの情報に基づき、それぞれの子どもを世話する計14人のキーパーソンがついて、できるだけ子どもの状況に対応するようにしました。この人たちは、あらかじめ両親に電話するか訪ねるかして、子どもの能力や興味や必要について知っておくようにしました。かれらの幾人かは、午後に交代する次の世話係に引き継ぎました。他の人々は、ずっと出口の所に配置されたり、ゲームや出し物を計画したり、飲み物や食べ物を用意したりしました。その日は、両親にとってお休みになるだけでなく、子どもたちにとっても楽しみにならねばならなかったのです。

ボランティアたちはいささか緊張しながら、9時45分に集合して、祈りと最終準備を行いました。子どもたちは10時半に送られてきて、3時半まで面倒を見てもらいました。念入りな計画のおかげで、問題も少なく、その日はとても楽しく過ぎました。社会福祉事務所は教会に備え付けの分に加えて、おもちゃを貸してくれました。「パス・ザ・パーセル」[17]や「いすとりゲーム」などのゲームをしました。教会の若者の音楽グループは、子どもたちに参加するように励ましながら上演しました。メロディは少なくてもリズミカルな手拍子つきの曲を、タンバリンやベルを鳴らしながら歌いました。

後日、何人かのボランティアがその日のことを語っています。最も幼い子はダウン症の小さな女の子で、「まるで赤ちゃんのようで、お人形さんみたいに見えました。彼女はとても静かでおとなしく、よちよち歩き回り、私たちの心をがっちりつかみ、多くの人に愛情をこめて抱きしめてもらいました」。一番にぎやかだったのは、９歳の耳のまったく不自由な男の子です。「私たちのだれにとっても、長年見た中で一番活発な子でした。彼は話せないのですが、彼の目は雄弁に語り、彼自身は生命と活気でいっぱいでした」。他のボランティアはこのことをさらに明らかにします。「彼は少しもじっとしてなくて、テーブルの上を飛び跳ね、窓の出っ張りにぶつかりました。あるときなど、台所の仕切り《ハッチ》にぶつかり、そのまま台所に飛び込んでしまいました」。

スージーのお世話を５時間しましたが（途中、昼食中は他の人と交代しました）、その後でようやく、私は彼女の両親が背負っている重荷を認識することができました。10秒間というのが、スージーが物事に集中できる最長の時間で、その対象はコカコーラのびんなのです。彼女は話すことができません。でもよく笑い、時折わけのわからない理由で泣きます。彼女は静かに立っていたり、座っていたりすることがありません。素早く通り抜けることのできる開いたドアを見つける、鷹のような目を持っています。音楽が好きで、だれかが演奏したり歌ったりしているときは、楽しそうにあちこち行進して回ります。人から触れられたり抱かれたりするのは好まず、音楽とコカコーラのびん以外の人や物にはまったく反応を示さないように思えます。それでも、スージーの母親が彼女を迎えに来たときには、次回も彼女のお世話をしたいと願っている自分に気づくのでした。

私が担当した男の子は、ステファンといいます。13歳ですが、8歳くらいの平均身長しかありません。最初、彼は私の手を堅く握って、私を含めてみんなに5分おきにあいさつしながらぐるっと見て回るだけでした。「ハロー」。「ハロー、ステファン」。本のコーナーが彼の気に入りました。彼は端っこから本を探し、1冊ずつ投げ捨てていきます。そして、ついに望みの本を見つけました。お祭り会場の写真です。その本を私に見せて、今晩そのお祭りに行くのだと強く言いました。それはずっと彼の願いだったのです。その日一日、たびたび彼はその1枚の写真のところに戻ってきました。

マークはステファンの友だちです。彼はひとりの小さな女の子に会うまでは、とてもうれしそうでしたが、彼女と会ったとたん叫んだり、金切り声を上げたりするようになりました。気分を変えさせるために、私たちはマークとステファンを会堂に連れて行きました。かれらは会堂の大きいこと、花が生けてあるのが気に入ったのですが、何より気に入ったのはマイクロフォンです。私たちは輪になって座り、マイクロフォンに向かって子守歌を歌いました。

マークはとりわけこのお望みのものを手に入れて、うれしそうでした。それにはスイッチが入ってなかったのですが。

両親が子どもを迎えに来る時間になると、私たちは複雑な気持ちになりました。一方で、私たちの短い責任時間が終わったのだという疲れ果てたような安堵感があるのと同時に、他方では、一日かけて築かれた関係がもう終わってしまうという悲しみがあったのです。

この奉仕は、私たち皆に、それを達成できたという大きな喜びの感覚を与えてくれました。ある母親と父親は、この日、覚えている限り初めて外出する機会を与えられたと言っていました。別の母親はその日を障碍を持たない息子と過ごすために、自宅で過ごしました。再びやりたいと願い、期待しています。……

休息のときを隔てて、全員がまた奉仕しました。他の教会員も参加を決めました。今やこの働きは3か月に1度の、教会の定例行事になっているそうです。

また別の教会は、知的障碍とまではみなされずケアもされていないけれども、実は知的能力に弱さがあり、援助なしに生活することが難しい成人に、特に支援の必要性を見出しています。このような人々は、様々なケアからこぼれ落ちてしまいがちで、大都市のホームレス集団の中にかなり多数がいます。その幾人かがこの教会に、その「立ち寄りセンター」の開業時間を延長してくれないかと頼みました。その教会では社会福祉事務所と共に、かれらのために何ができるかを考え、そのニードについて話し合っています。

多くの都市部の教会は、こうした人々のことを心に覚えています。支援する友人たちは、かれらがもっと上手に生きられるよう手助けできます。しかしその人々は多少能力が高いとはいえ、前述の重い障碍を持つ子どもたちと比べると、共働へのアピール力は小さいです。

かれらが人として成長するのを助ける

教会へ通っているほとんどの人にとって、教会は、他のことと並んで、友人を得るための大切な場所です。障碍を持つ人々にとっては、とりわけそうです。かれらは地域社会に暮らしていますが、必ずしも常にそこで受け入れられるとは限らないからです。

リチャードや彼のような多くの人にとっては、それは難しくありません。若くて、好感が持て、元気で、清潔で、健康です。かれらは自分自身友好的で、人々もかれらに温かく接し、かれらが通常の生活の中にいるのを素敵だと考えます。避けようとする人もたまにいますが、ほとんどは、友好的な接触と友好的な反応に出会います。

今年の新しい出来事は、夫と私がリチャードをキリスト教教材の展覧会に一緒に連れて行ったことです。心配の必要はまったくありませんでした。彼はすばらしい時間を過ごしました。親切なクリスチャンの人たちがいて、彼が見て喜ぶたくさんの興味深いものを持っていました。未知の人たちの反応を見るのは、興味深いものでした。私は、彼がシャフツベリー・ホーム[18]から来た男性と話し込むとか、救世軍の士官と音楽について会話するのとかを見ても、驚きませんでした。彼はＹＭＣＡのナショナル・センター[19]に惹かれましたが、それは自分たちのクラスが冒険に満ちた1週間を楽しんだばかりの場所の写真を見つけたからです。

区画責任者たちの中には、少し驚いて、彼がだれかと一緒にいるのかと急いで見回している人もいました。しかし、多くの人は彼の言葉に耳を傾けようとしていました。なぜなら、彼はただ展示についてコメントしていただけだったからです。何人かの人たち、たいていは小さい子どもに話しかけるのに慣れた女性でしたが、かれらはリチャードに物を見せて、その品物を彼にわかるように説明するのに苦労していました。彼は船乗りの仕事について聞き、漫画のビデオで聖書の物語を見、ペンのセットを集め、パソコンをやってみようとしました。この本のことが念頭にあったので、私は、彼がSPCK Worldwide[20]のスタンドでうまく話しかけることができたのを見て、大喜びしました。担当していた親切な年配の男性は、紙模型が本の中や書籍売り場の棚に収まる様子を見せてくれました。この会話から、リチャードは後でこの団体の仕事について何か私たちに教えてくれるでしょう。

私たちは楽しい一日を過ごしました。それは、リチャードを見てどんなに驚いても、彼に敬愛をもって接し、彼に答えるために多少の余分な努力を払ってくれた人たちのおかげです。

でも、ジョアンのような人はどうでしょうか。中年で身なりも悪く、かろうじて清潔といったところ、奇妙な大声で、「普通」にふるまうために努力が必要です。この1年で彼女は仕事と母親と家を失いました。ジョアンは、これらすべてを不平・不満なしに受け入れ、小さなアパートに落ち着きました。教会の友人エリザベスは、時折ジョアンをお茶の時間に訪問しました。他の何組かの家族もそうしました。ジョアンはそれらの訪問を喜びましたが、子どもは苦手のようです。彼女は子どもたちにいつも、あっちへ行きなさいと言います。それが、彼女が経験した子ども時代の扱われ方だったからです。エリザベスは、教会のもっと大勢がすべての状態を改善するために、ジョアンと友だちにならないのを残念に思っています。

エリザベスがそれとなく話したことがあるのですが、ジョアンは、本心で教会のお茶の当番に入りたいのに、当番の奉仕を断ったことがあるのです。エリザベスは、ほかの女性たちに、ジョアンを奉仕に誘ってくれるように頼みました。するとすぐに、ジョアンは思っていたよりもはるかに理解力があることがわかりました。他の人たちは、ジョアンにはその働きはできず、みんなを待たせてしまうだろうと説明していました。それでいくつかの集会でジョアンが教会の仕事のために人々を歓迎しようとしたとき、エリザベスは彼女を制止するよう頼まれました。それは素敵な中産階級から成る会衆で、すべてを美しくするのが好きだったからです。ジョアンのような人を、このような教会に完全に認めさせるには、どうすればよいのでしょうか。

モーリーンは、ジョアンとそう変わらない状態で、彼女の教会は中産階級が住む郊外にあります。でも彼女は、ジョアンより受け入れられています。たぶんそれは、彼女はジョアンよりも小ぎれいにしているからです。何人かの教会の友人は、親切心から彼女を抑制してしまいがちです。彼女が必要とするよりも、彼女のためにやりすぎてしまうのです。少なくともかれらは、彼女が何にでも関わることは納得しています。でも、他のだれかが彼女に話しかけてきた場合に、彼女に代わって答えてしまう傾向があります。モーリーンには小さなアパートの部屋があり、そこでみんなをもてなすのが好きです。最初人々は、彼女の招きを受けるのをためらいました。でも次第に、それは楽しくリラックスできる食事となることに気づきました。モーリーンは自分が会話が得意でないことを知っているので、ふたりの友人を同時に招いてふたりにおしゃべりをさせ、その間、自分はかれらに奉仕するのを喜びとしてもてなすのです。

人格的成長は相互作用的な過程であって、真空の中で起こるものではありません。その人の知的限界がどうであれ、他者から重んじられ愛されていると感じるとき、その人はこれに応答しようとします。今日の社会はきわめて自己中心的になりやすいのですが、神が人々を重んじておられるように、人間もお互いを重んじる共同体となるべきです。障碍を持つ子どもが教会で育っていくとき、両親のためのみならず自分自身のために、自分を重んじることを学ばなければなりません。これは、その人が両親の保護の翼から歩み出るのに役立ちます。自分の弱点や欠点を意識している大人は、障碍を持つ人の多くがどうしてもそうなのですが、なかなか自尊心を形成することができません。かれらを受け入れ、かれらをあるがままで愛する用意のある友人たちは、すべてに変化をもたらすことができるのです。

話すことは上手でも人間関係が苦手な人は、しばしばひどく誇張されたつくり話をするのを好みます。かれらを常習的なうそつきだと否定する前に、かれらが本当は何を言おうとしているかを聞き取ろうと試みることには意味があります。その人自身または別の人が何か悪を正すヒーローとして現れるお話の場合、それは自分自身のそうした悪を告白するひとつの方法ではないかと考えることができます。その人は、自分でも気のとがめることをしてしまったのですが、自尊心や友人を失いたくないので、本能的に自分がしたのではないことにするのです。これらの人々は、無垢でもなく、ずるさから自由でもなく、罪ある人間なのであって、教会はかれらのために赦しと希望のメッセージを持っています。

ひとりひとりに尊敬をもって接することは、重い障害を持つ人たちにとっても、人間として成長する助けとなります。ある療育院のチャプレンは、自分の仕事の価値ある副次的効果は、かれらがお互いへの思いやりを深めることから生まれていると気づきました。礼拝の中でかれらは、物事を協力してしたり、交代でしたりすることを学ぶでしょう。それらは共に、キリスト教的愛の一部であり、常日頃から育成されるべき振る舞いの一部なのです。互いに助け合う関係を発達させることは、小さなホステルやグループホームに移ろうとする人たちにとっては、とても大切なことです。

非常にしばしばこの人たちは、自分には価値がないと感じさせられます。人々は、かれらの頭越しに両親や支援者に話しかけます。病気の子どもの両親は、その子どもに障碍があるというので、医師から「あなたがたは治療を望むか」と問われるとき、しばしば骨身にこたえるようなつらい思いをします。私たちは確かに、障碍を持つ者たちは問題の本質に関わらないと思っているのではないでしょうか。もしリチャードが生まれたときに肺炎をすでに起こしていたとすれば、「自然法則どおりに事が進む」のを見て、私たち両親は救われた思いになったでしょう。リチャードが生きようとしていないように見えたとすれば、医療的介入に憤りを感じたことでしょう。成長したリチャードが2歳で肺炎を起こしたときに、私たち両親は、医師が完全な治療をすることをどう感じるかと尋ねたとき、ぞっとしました。そのときには、リチャードは少なくとも私たちの目にはすでにひとりの現実の人格となっていたのです。他方で私は、歯列矯正治療に子どもっぽい恐怖を抱いて断ったのを、歯科医がリチャードの状態のせいだと受け取ってくれたのを喜んだりしたのです。こうした態度のいくつかはしばしば本人の面前で表現されて、家族などの関係者に伝達されることになるのです。

　ドリスは最近病気がちです。彼女はすでに年配で、彼女の健康状態は、いくつかの苦痛に満ちた不快な症状を伴いつつ悪化しています。教会の友人が彼女を訪ねたとき、ホームの若い介護者は喜んで鬱憤を吐き出しました。その介護者は、必要なら症状を医師に説明するのを助けるつもりで、ドリスを病院の診察に連れて行ったそうです。しかし非常に腹立たしかったのは、医師が自分だけに話しかけたことでした。ドリスは、どこが痛いのかを医者に告げる力を十分持っていたのにです。しまいには、顧問医はその介護者に、ドリスは知的障碍があるのでこれ以上の治療は意味がないとまで言いました。その若い介護者にとっては、ドリスは生きた愛すべきおばあちゃんだったのですが、その医師にとっては、ドリスは人格を持った人間としてまったく考えられていなかったのです。

これに憤慨するのは簡単です。しかし教会は同じ罪を免れてはいません。その医師は、障碍を持つ子どもの両親が子どもにバプテスマを受けさせたいと相談したときに、「そんなことをして何になりますか」と問う国教会司祭と変わりありません。あるいは、神はその人たちを愛してはいるが、かれらは教会に一員として加わるための十分な理解力を持っていないと主張しつづけるバプテストの牧師と変わりありません。

クリスチャンだけが善意を独占しているわけではありません。他の人々でも、障碍を持ちつつ出歩く人々に出会うと驚きはするのですが、しばしば自然で親切な態度で対応してくれることがあります。見た目でわかる障碍があっても、その人が周りと仲よくし、適切に物事をなそうとしているのを見ると、多くの人々がそれを喜びます。このような障碍者は自分から人々に歩み寄ることにより、かれらの応答を容易にしているのです。しかし、その振る舞いが独特な人と、どうつきあうかを知ることは、ひどく難しいことです。人間の本能が道に迷うときには、私たちはもっと偉大な愛を拠りどころにしなければなりません。

神がかれらを愛しておられることを示す

人間に対する神の愛は、福音の「心臓」です。それを伝えるために教会は存在しています。ここでの強調点は、「示す」ことにあります。私たちのほとんどは、おもに言葉を通して伝達します。しかし、福音のメッセージを「語る」ことは、言語を持たない人や、言語の使用や理解に制限がある人にとっては不適切です。かれらは教会を「キリストの体」として経験する必要があります。それを通してかれらは神について学ぶのです。このことは、私たちすべてにとっても真実ですが、障碍を持つ人たちに福音を伝えるにあたっては、何より重要です。このことは、私たちの多くにとって、とりわけ私が属している教派のように、「言葉の務め」を強調しても神秘からはしり込みしてしまう場合には、有益な教訓になるでしょう。「神は愛なり」という素敵なポスターを貼っていても、神の体なる教会が御言葉への証しの業を担うのに失敗するならば、それは良くありません。

福音的伝統の出身で、神が私たちの息子を愛しておられることを疑ったことのない私たちは、「リチャードには個人的な信仰が可能か」という問いを、何年も考えました。このことは、私たちにとって重大でした。なぜなら、それは私の最初の疑問、「そもそも、この子は考えることができるのか？」という問いの底に潜んでいたからです。私たちの教会は、リチャードのことを温かく心に留めてはくれましたが、だれも彼の信仰について「大丈夫」と言ってくれた人はありませんでした。そのうち、ひとりの友人が私に、カトリック教会の知的障碍を持つ人たちへの宗教教育に関する出版物を見せてくれました。[21]

私は、これほど興奮して読んだ本はめったにありません。最初のページに、こうはっきり書いてあります。「私たちが『知的障碍者』と呼ぶ人たちは、信仰による生涯を送ることができます」。著者のデイヴィッド・ウィルソンは、続けて次のように説明します。かれらは「自分は愛されている、愛されうる、自分は神さまにとって大切な存在だ」と認識しうるのだ、と。これに対する応答として、かれらの人生に神への愛がもたらされ、それがかれらの自尊感情を育てるのに益するのです。ここから得られる自信は、ひるがえってかれらが他者との関係を結ぶのを助けます。そのときまでに私たちは、リチャードは彼自身の応答ができることを理解し始めていました。カトリックの用語や前提になじみにくいと感じはしましたが、他方でとても興奮しまた納得して読みました。リチャードの将来の発達について少しの考えしかなかった時期に、その本を何度も読み返したことは、友人たちが数多くくれた他の母親たちの体験談の本よりも、はるかに多くの希望と励ましを与えてくれました。福音への応答について理解できる知能指数の限界点があるというふうに考えるのは、とてもたやすいことです。しかし、愛と信仰は、知性に依存しているわけではありません。両親をはじめとして愛を示す人は、神の愛への水路を開くことができるのです。

障碍を持つ子どもや成人のためのキリスト教教育は、制限されていようと広範囲のものであろうと、とにかくかれらが教会というものを経験することによって裏付けられていなければなりません。それはキリスト教教育のすべてにおいて真理です。しかし言葉よりも雰囲気により敏感な人々のことを考えると、教会全体の責任はより大きなものとなります。ゴードンが、もう子どもではないのに、よだれだらけのキスをしながら、腕をそこらじゅう振り回して教会に飛び込んでくるとき――

のろまで不器用で少しにおいもするモリーが、食器洗いの手伝いを申し出るとき――

トレイシーが花びんに花を何本か投げ込んで、それが教会を美しくすると思っているとき――

身なりがきちんとしたためしのない、意見がいつもくすくす笑いで終ってしまうアンディーが、教会報を家に届ける奉仕者の中に混じっているとき――

私たちの応答は、かれらが神の愛を経験する手助けとなるでしょうか。

諸教会は、これらの友と接するための様々な道を見出しています。すべてのケースにぴったり当てはまるような教条的な答えはありません。しかし確かなことは、かれらはすべて、拒否というものを敏感に感じ取り理解するということです。かれらはまた、人々が配慮してくれていることもわかるのです。

障碍を持つ人は、しばしば事務的になされるだけの親切を知っていますから、個人的接触の「おまけ」をとても喜びます。リチャードの誕生日に、私たちは彼の大学の教育コースのクラスメートを全員、ホーム・パーティーに招待しました。夫が、何人かをロンドン南部を横切って車で運んだときに、彼は途中の教会のいくつかが、障碍者のためのパーティーを催したことを聞いて、大変うれしく思いました。個人の家を訪問することは、新しい経験でした。

『喜びの家』(22)の中で、特別寄宿学校の校長マーガレット・デイヴィースは、近所の教会のことを語っています。その教会は毎年、その学校の生徒である女の子がそれぞれクリスマスにほしいと思う3つのもののリストを作ってもらいます。そのリストは教会へ届けられ、教会の人たちはそれによって個人的なプレゼントに送り届ける品物を選ぶのです。新しく入学した女の子がこれを聞いて、もうひとりに言いました。

「知ってるわ。今まで私は、物をいっぱいくれる施設にいたもの」。

「違うよ。あなたが知っているものじゃないわ」とその友だちは言いました。「そんなのじゃない。あなたへのプレゼントには、ちゃんとあなたの名前があるの。それはみんな、良い友人からの贈り物なの」。

「そんなの無理よ。だって、私たちのこと知らないもの」。

「いや、知ってるわ」。

「どうして？　だれが教えたの？」

しばらくして、もうひとりは少しためらいながら言いました。

「詳しくは知らないわ。でも私、それは主イエス・キリストだと思うの」。

聖なる結婚

神の愛が知的障碍を持つ人たちに及んでいるということは、多くの人が理解します。それはよいことです。しかし、かれらに人間的な恋愛の権利を認めるということは、また別の話だ、そう考えられているのではないでしょうか。多くのクリスチャンにとって結婚はサクラメントです。そしてそれ以外の者にとっても、それは特別な重要性を持っています。時折教会は、知的障碍を持つ男女の結婚式を執り行うよう召されることがあります。ある牧師は、そのような式について次のように書いています。

ネイルとウェンディは共に50代で、長年伝統的な施設で過ごしてきました。ネイルは、教会の近くの、知的障害をもつ人専用に建てられたホステルに移ったときにはじめて、私たちの教会にやってきました。それまでも彼は、生涯の間ずっと教会に出席し続けていました。そして彼の信仰生活の一部を語るとすれば、それは説教や祈りの間じゅう「アーメン」とつぶやくおおらかな能力だと言ってよいでしょう。私たちの教会は彼を歓迎し、すべての家庭的な行事に参加してもよいと保証し、彼のために教会の敷地内でする小さいながらも重要な仕事を見つけました。

ネイルが入ったホステルはコミュニティホーム（児童養護施設）の中に位置していましたが、ネイルはそこで、もうひとりの男性とふたりの女性と共に生活していました。全部の設備が同じ敷地にありましたが、一戸ずつ分れていて、基本的責任と自立の権利に関わる多くのことを自分たちのためにどうやって運営してゆくかを、4人が発見できるようにデザインされていました。ウェンディは、その女性のうちのひとりでした。ネイルは話す力があり、読むことも何とかできたのですが、ウェンディは30年あまりの施設暮らしのせいで、言葉を話せず、明らかに無力な状態でした。かれらは毎週一緒に、これも教会の建物で行われる障碍を持つ人たちのクラブにやってきました。でも最初は、ただそれだけでした。

これは誰か他の人に煽動されたのではないと保証できますが、ある日のこと、ネイルが教会にやってきて、自分はウェンディに結婚を申し込み、彼女はそれを受け入れたと、誇らしそうに語りました。ほとんどの人はこれを聞いて、非常に慎重に対応しました。このようなことが「許される」出来事に属するかどうか、わからなかったからです。私はと言えば、新しく赴任したばかりの牧師として、いくぶん神経質に、ふたりと短時間面談することにしました。私の心配はまったく間違っていることがわかりました。

この最初のミーティングからまったく疑う余地がなかったのですが、ネイルとウェンディは真実に愛し合っており、その経験はふたりにすでに新しい解放と尊厳をもたらしていました。はじめネイルがほとんど話しましたが、しかし「フィアンセ」であることの誇りがウェンディに新しい世界を開いてくれたようで、ほどなく彼女は自分の経験について今まで以上に言葉を用いて表現するようになりました。

もしこのカップルの人生に関わっていたすべての人々の驚くべき協力がなかったならば、この出来事を最後まで成し遂げることは難しかったでしょう。施設長とソーシャルワーカーと私は集まって、かれらを最後まで援助するための日程表と計画について合意しました。私たちはそろって、ウェンディの家族からの暴力的といってよいくらいの反対に直面しましたが、敵意が愛に基づく助けに変化するのを見ることができました。その中ではっきりしたことは、何年もの間ウェンディの家族が彼女に代わって下してきたすべての決定——罪深いことですが——を、彼女の結婚の可能性《ポテンシャル》が疑問に付したということでした。すべての当事者が正しく和解するまで、結婚は延期する必要がありました。しかしふたりは、ひとつの日付が決まっているということを知っていたので、あまり動揺しませんでした。

結婚式の準備は大変愉快なものでした。たびたび私たちは厳しく自らを戒めて、これは私たちのではなくふたりの結婚式であり、かれらに代わって私たちが決定してはいけないということを思い起こさねばなりませんでした。ですから、最後にはふたりは結婚衣装から讃美歌まで自分たちで選び、その選択の中でかれらは成長し続けたのです。教会の内外の友人たちの想像力に火がつき、かれらは驚くべき気前のよさを発揮して、すべては「最高級そのもの」[23]で成し遂げられました。

私は、新しい問題を通り抜けなければなりませんでした。ネイルとウェンディが細部に至るまで理解できるような特別な式を計画することがいかに重要だったことでしょうか。また同時にかれらの結婚式を他のどの結婚式とも同じようにする、ということがいかに重要だったことでしょうか。私たちは妥協しました。ほとんどすべての部分は、かれらが1年前に見た王室の結婚式のようにしました。私たちは、「後について繰り返して repeat after me」の部分（英米の伝統的な結婚式で、新郎新婦がこの後に自分の言葉で誓いの言葉を述べる箇所）を最小限に切り縮めて、伝統的な言葉遣いのいくつかを、「私はそうします I will」とだけ答えればよい質問に作り変えました。そして「正当な障害 just impediments」に関する法的争論の部分（重婚、年齢不足など、この結婚に異議のある人が会衆の中にいないかを問う箇所）を、ふたりが証人たちと共に婚姻届に署名している間の礼拝堂の沈黙に変えました。これは単純に、公衆の騒動によるごたごたを避けるためです。

結婚式の本番は喜びでした。私の考えでは、その日その場に居合わせたすべての参列者だけでなく、教会にとってもひとつの霊感を与えるようなものとなりました。会衆は、ホステルの他の住人たちも含めて大変な数にふくらんで、式のすべてが祝いと喜びの雰囲気に包まれていました。最初は渋っていたウェンディの家族でさえ、その日は心から喜んで参列しました。

結婚式はもちろんただの始まりに過ぎません。それに続く日々の生活の物語は、ホステルで毎日のサポートをしてくださる人たちの働きなしには、成り立ちません。しかしながら私は今、ネイルとウェンディはこのすべての経験から計り知れないほど多くのことを得たと、疑いもなく信じています。その上最近は、このコミュニティホームの中ではありますが、少し離れたバンガローに住むことも可能ではなかろうかという話も持ち上がっています。ふたりはその生涯の間、これからも支援を必要とするでしょう。しかしそれが、支配でなく支援であることができるなら、かれらはこれから長い時間をかけて、独立し尊厳を持ちながら成長し続けていくことができると、私は確信しています。それだけでなく、教会と地域社会もまた、かれらが結婚して私たちの中にいることで、よりいっそう豊かにされることでしょう。

バプテスマと聖餐

障碍を負った人々を礼拝の会衆の中へ受け入れることは、多くの人々が理解します。それはよいことです。しかしかれらを、サクラメントを共にする十全な教会員として迎え入れるというのは別の話だ、そう考えられているのではないでしょうか。

バプテストの理解では、信仰者による個人的な応答が強調されるため、ここで困難が際立つかもしれません。しかし実際にはすべての教会が同じ問題に直面しているのです。ある人にとっては、神の愛が特別な仕方で障碍を持つ者たちをも包んでいるのは明白なので、サクラメントに関してまったく困難はないと言えます。しかし他の人々にとっては、リアルで難しい問題があるのです。教会における代父母たち(24)は、その赤ちゃんの能力がしかるべき時が来たら自分自身の信仰を告白するのに十分なほど発達するということを疑いながら、洗礼宣誓をよき信仰においてすることができるでしょうか。バプテスマを受けることなしに、かれらは聖餐にあずかることができるでしょうか。そうでないとすれば、大部分の人々は、障碍者は特別な分かち合いを共にすることから排除されるべきだと考えようとしているのです。

バプテスト教会は、洗礼と聖餐のふたつのサクラメントのみを認めますが、他にもサクラメントを認める教会は、また別の意味を見るかもしれません。ここは神学を探究する場所ではありませんが、それは大事なことなのです。もし私たちが、障碍を持つ人についてお世話をして、かれらが完全に教会に入って来ることを考えるなら、それを十全な仕方で行いたいのです。神の前で正しいと感じられるようなこととして、しかも親切心からルールを曲げることなしにです。

ある国教会司祭が、特別なバプテスマについて語っています。マンディは2歳でしたが、応答は非常に限られていました。「彼女のびっこをひく姿は、古びた人形と似てなくもなく、奇妙に見えました」。収穫感謝祭の家族招待礼拝が、熟慮の末に選ばれました。マンディの家族と彼女が暮らしているホームの職員たちは、非公式の礼拝になるのではないかと予想していましたが、公の場が選ばれたことを喜んでいました。

大勢の子どもたちを含む百人以上の人々が、洗礼盤の周囲に集まっていました。すべての創られたものに対する神の愛、とりわけ最も弱い者たちに対する愛が、強く感じられました。マンディのバプテスマを照らすろうそくの光は、多くのことが悪くなっていく世界にあって、キリストの光を証ししているようでした。出席していた多くの者は、そのときのことを、私たちの教区生活で起こった際立った出来事として記憶しています。そしてマンディは私たちの特別礼拝へと迎えられて、温かくあいさつを受けました。

住んでいるホームに戻ってからも、著しい影響がありました。少し前に、ひとりの子どもが亡くなったのです。それはめったにないことで、職員や子どもたちを動揺させました。「マンディのバプテスマは、何かしら復活にかかわりのある希望を実証したのでした。それは心の傷となっていた先の悲しみの後で、ホームの共同体にとってとりわけ幸いな出来事でした」。

両親は、子どもが自分たちの教会に教会員として完全に受け入れられることを切望しているはずです。しかし、人間の善意につけこむことになるのを恐れているのです。まさにこの理由のために、かれらはこの議題を持ち出しにくいのです。たとえかれらの息子や娘が、両親を通してコミュニケーションを取らねばならない息子や娘であって、その子にとってそれが重要となるということがわかっていても、そうなのです。

ある説教での指摘を聞いて、ひとりの母親は、自分の娘にも堅信礼が可能かもしれないと気づきました。国教会司祭に直接会うよりも前に、彼女は地域のラジオ放送局の宗教番組の電話相談に、それが可能かどうか尋ねました。幸いに、混雑していた回線はうまくつながりました。

堅信礼や信仰者のバプテスマの基準は、どれほど厳格なものであるべきなのでしょうか。これらは、真剣に受け止めるべき事柄です。もし排除的な議論が行き過ぎると、こうなります。——「彼は、友人の言葉を真似しているだけだ」。「彼女は、私たちに迎合して言っているのだ」。「彼は話せないのに、両親はどうして確信を持って代弁できるのか」。——わたしたちがわきまえるべきなのは、障碍を持つ人たちに、他の人々に課するよりも厳しい基準を課してはならないということです。私は、何人かのバプテストの信徒たちが「彼は、教会総会で決定されることを理解できないでしょう」と言っているのを聞きます。でも、それは不公平な障壁です。なぜなら、より「健常」とされるメンバーでも、面倒がって教会の会議に少しも出席して参加しない人々がいるのではないでしょうか。

明確なルールがないために、多くの教会は個人個人の判断に頼ることになります。ある母親の場合は、ダウン症の息子が姉と同じように堅信礼を受けたいと願ったのですが、彼女が知ったのは、司祭も管理司祭も堅信礼が可能かどうか知らない、ということでした。そこで彼女は、主教が教会を訪問してきたときに直訴したのです。主教は、その息子が常に教会に出席していることと、教会に属しているというはっきりした自覚があることに基づいて、喜んで堅信礼を行ってくれたのでした。

別の教会ですが、38歳で知的年齢は８歳ぐらいのひとりの女性が、両親と一緒にいつも出席していました。両親は陪餐会員でしたが、娘自身は一度もサクラメントを受けたことがありませんでした。彼女は快活で、純真で、礼儀正しい人でした。両親が驚いたことには、その教区の牧師が、彼女は堅信礼を受けるべきだと勧めたのです。両親はそんなことが可能だとは思ってもみなかったのでした。２回の簡単な学びのときが持たれました。１回目は理論的な学びであり、もう１回は実践的な学びです。

私は、若干のバプテストや、おそらくは多くの国教会信徒も、教会への加入条件が明らかに不規則であるために苦闘しているのをよく見るのです。この司祭の話の残りの部分を聞くと、粛然とさせられます。

堅信礼の後、彼女にはとても大きな変化がありました。それは両親も驚かずにはいられないほどの変化でした。私にとって確実に思えるのは、イエスは彼女にとって現実の人格であり、堅信のサクラメントと聖晩餐を受けることによって、完全な変化が彼女の中に起こったということです。たとえ私が、知的障碍を持つ人たちに堅信礼を行うことにどんな疑いを持っていたとしても、かれらの歩みの方が完全でした。ひとりの人の中に聖霊の業が起こった証拠はと言うならば、彼女がその人なのです。彼女は光り輝いていました。

別の国教会司祭は、デレクについて書いています。彼はその教区ではよく知られていて、愛されていました。いつも両親と一緒に祝福を受けるために、祭壇の柵のところに来ていました。彼が15歳のときに、「堅信礼の問題がしきりに前面に出てきました」。

「私たちが最初に確かめなければならなかったことは、堅信礼はデレク自身が自分のために願っていることであって、単に両親の願いではないということでした。長い学びのコースは、彼にとってはまったく不適切であったでしょう」。彼がなじんだ環境でリラックスできるように、通常の教区聖餐の時に堅信礼を与えるために、主教が特別に訪問してくれることになりました。[25]何日か前に、デレクは念入りにリハーサルをしました。聖別されていない聖杯のブドウ酒を味わってみて、不測の事態が起きても彼が慌てないようにしました。「聖別されている杯とされていない杯の違いをできるだけ丁寧に説明するために、機会が設けられました」。堅信の礼拝では、デレクの母親が、「彼が主教の按手を受けるためにひざまずくときに、彼と共に応答するために、彼の横に立ちました」。デレクだけにならないように、もうひとりの成人の志願者女性が同時に堅信礼を受けるのに同意してくれました。彼女の夫が、デレクの母親が彼のためにするのと、同じ役割をしました。

それは、幸せで感動的な出来事でした。ただその司祭の考えでは、ただひとつけちがついたのは、後になってこれを聞いた教会の役員がコメントしてこんな意見を言ったというのです。「君は、デレクがそのすべてをどの程度理解していたと思うかね」。

おそらく私たちは、理解の問題を神さまにお委ねしても良いのです。こうした障碍を持つ志願者たちにとって堅信礼や信仰者のバプテスマは貴重な機会です。それを証明するために、少なからず格闘している教会があります。それを聞くと、何かしら幸せな気分になります。そこまで大きな愛の援助というものは、確かに神が独特のやり方で用いられるものなのです。

こういった幸せな思い出の後に次に来るのは、アンチ・クライマックスです。特別な「山上の変貌」(26)の出来事の後で、私たちは山の下での日常生活の現実に戻らねばなりません。知的障碍を持つ人たちのためには、特別な注意深さと、地に足がついた現実主義が求められるのです。

ボビーにとって、教会に属するということは大切です。彼は、自分の姉と同じく堅信礼を受けたことを喜び、その際に示した尊厳ある態度で会衆に深い印象を与えました。その後まもなく、彼の家族は祝日に教会に出席しました。国教会司祭は、祝福の言葉を一言与えただけで子どもたちを別室に追い出すことをよしとしない人でした。祭壇のところで子どもたちが上に上げている手の中に、司祭はスマーティー(27)を一粒置いたのです。ボビーの両親は、彼が甘いものを好きなのを知っていたので、こう思いました。「うーん、神さまはわかってくださる」ところが、司祭がボビーに甘いお菓子を与えてくれたとき、彼は大きな声で抗議しました。「ちがうよ。パンだよ！」〔堅信礼の塗油のあと、多くの教会では聖餐のパンをいただく〕

障碍を持つ人たちにとって、聖餐で使われるパンとワインを取り扱うのが物理的に難しいことがあります。療育院のチャプレンは、よくウェハースをワインに浸して、だれでも簡単に食べられるようにします。ひとりのアシスタントは、訪問司祭が最初にパンを与え、それから杯を手に持ってみんなに飲ませて回ったときのことを覚えています。スタッフが驚いたことに、全員が飲ませてもらうのではなく、杯をうやうやしく手に受け取ったのです。(28)

ひとりひとり用の小さなガラスの杯を使っている教会もありますが、そこでは、幾人かの会員がこの杯をうまく手に持てず、それを飲めないことがあります。彼らのワインは、大きめの杯や給食用の取っ手のついたカップで渡すことができます。それを聖餐台の上に他の杯と共に置いておき、会衆に配餐する奉仕者に、静かに手渡すのです。

こうした落ち着いた思慮深さは、他の共同の食事にも拡大されるべきです。たとえば手が震えてしまう人には、カップ半分のコーヒーの方が、いっぱいについだものよりはるかに良いのです。

サクラメントを受ける許可や、成人として教会で完全な会員資格を与えることの決定は、教職者によることが多いのですが、許可や受け入れは、もし会衆が正しいと思わなければ、どこか虚しいものとなってしまいます。障碍を持つ人たちにとって、自分が教会の一員であることを確信できるのは、会衆の受容によるのです。教会全体が、弱さを抱えたメンバーを引き受けることができるほどに、度量を持つ必要があります。それは代理的信仰ではなく、共同的信仰によります。そうすれば、サクラメントは、重い障碍を持つ人々が、自分たちは本当にキリストの体に属しているということを知る最上の道筋となりうるのです。

ルイーズのバプテスマの日は、すばらしいそして愛すべき時でした。彼女の牧師である私が、最初に真剣にルイーズのことを考えたのは、彼女にバプテスマを授けるべきかどうかの決断のときでした。彼女は私たちの教会に来たとき、すでにバプテスマを受けたいと思っていて、彼女と両親はそれが可能だろうかと尋ねました。とはいえ彼女の両親は、私がそれを断ってもよいのだと伝えるのに、大変な苦労をしていました。このことで私は、回心の本質について、そして私たちの福音宣教があまりにも高度な言語的・知性的性格を持っていることについて、考えさせられました。私たちはよく一律に、人々に信仰告白文書を書いて欲しいと期待します。しかしもしある人々が、福音の知的内容をよく把握することができないとしたら、それはその人々に完全な救いがないということ、神を経験することがないということ、教会に受け入れられることがないということを意味するのでしょうか。もちろんそんなことはありません。もし神が受け入れてくださると信じるなら、私たちもそうしなければなりません。

次の課題は、「恵みの器」としてのバプテスマからできるだけ多くのものが得られるように、ルイーズを助けることでした。彼女と私は、準備クラスを数週間にわたって持ち、そのうち何回かは知的障碍を持つ子どもたちとかかわった経験を持つ教会員にも加わってもらいました。私としてはできる限りのことはしましたが、十分満足しているとはいえません。

バプテスマの本番は、私たちすべてにとって「恵みのあふれる器」でした。私たちは礼拝全体を、バプテスマを中心とするようにして行いました。ひとりの教会員が、いくつかのすてきな視覚に訴える教材を作ってくれて、それを私は「説教」の基礎として使わせてもらいました。と言っても、その「説教」はほとんどルイーズとの会話のようなものでした。ルイーズは何か思いつくたびに、話に割り込んできたからです。

それは寒い日でしたが、ルイーズは水に入るなり、すぐに会衆に向かって「気持ちよくて、あったかい」と言って安心させました。

この出来事はすべての者にとって有益だったと私は確信しています。礼拝の中ですべての人に仕えるためには、私たちはもっと人間的で、もっと敏感に、もっと感受性豊かにならなければならないということを痛感しました。

第5章　かれらはイエスについて学ぶことができるか?

学校で先生が、彼女のクラスの生徒に買い物リストを書かせたことがありました。日によって彼女は違う種類の店を選び、生徒たちはその店で買えると思われる品物を書き出さねばなりませんでした。その日は、果物屋さんに行ったら、という問題にしたのですが、リチャードが書いた答案のリストに先生は驚きました。

オレンジ
りんご
愛
喜び
平和
バナナ

善
プラム……

彼女は大喜びでこう言いました。「私がクリスチャンでよかったです。そうでなければ、これらの関連に気づかなかったでしょうから」。

リチャードはバプテスマ準備クラスをとても楽しんで受けたので、女性の牧師は、毎週ではなくとも月1回ほど、彼のためにさらに特別な学びのコースを続けるべきではないかと考えたのです。「霊の実 Fruits」[29]という教えが、今日クリスチャンとして生きる道の基礎となるテーマのように思われました。ふたりは霊の実をひとつひとつ取り上げて、絵と短いストーリーで徳のそれぞれを表現し、その概念を抽象的でないようにしました。いくつかの「実」は、他のものよりも絵にしやすいということがわかりました。とにかくリチャードはそれをとても喜び、「実」に「夢中」になったのです。それらの「実」は、彼がそらで覚えている数少ないもののひとつであって、そのひとつひとつをちゃんと説明できます。聖書のその節が教会で読まれるときはいつも、喜んで姿勢を正し、説教者より少し先にそれを口にします。彼がそれらの徳の行為を見たときには、それに関係のある「実」の名前を言うのが好きです。こうすることで、彼の理解は確かなものになるのです。ただ時折は、滑稽な文脈になります。

パパ、ぼくたちのためにコーヒーを作ってください。そうしたら、「親切」だね。
ママ、そしたらぼくはそれを待っています。それは「忍耐」になります。

人々は、どうして教会がこのような知的障碍を持つ人たちのキリスト教教育に携わるべきかと問います。これ以上学ぶ必要などないのではないか。神はすでにかれらを愛しておられ、知的限界についてかれらを非難なさいません。かれらは幼子のようであり続け、神の国はかれらのものです。

そうです。しかし……すべての子どもにとって、彼または彼女が可能な限り学ぶということは、当然の権利です。それは、基本的な人権なのです。

すべて人は、教育を受ける権利を有する。……教育は、人格の完全な発展並びに人権及び基本的自由の尊重の強化を目的としなければならない。教育は、すべての国または人種的もしくは宗教的集団の相互間の理解、寛容および友好関係を増進するであろう……。(30)

多くの知的障碍を持つ人たちは、宗教以外の分野で、教育から益を受けています。かれらの視野は広がり、人生を楽しむ能力は大きくなります。座ってただ見ているだけの生活と、積極的に雑誌を拾い読みし、あるときには興味深い事柄について感想を述べることとの間には、違った世界があるのです。

リチャードは何もせずにじっと座っていることはありません。彼は何かに夢中になることが得意なのです。彼はテレビが好きですが、それを見ることを、「ラジオタイムズ」や「テレビタイムズ」という雑誌によって計画的にします。そして、もう十分だと思えば、スイッチを切ることもためらいません。次いで彼はテープを聞いたり、父親の小さなオルガンを弾いたり、スヌーカーの練習をしたり、本を見たり、切手を自分のコレクションに加えたり、料理したり、庭でボール遊びをしたり、図書館を訪れたり、おしゃべりする友だちを見つけに自転車で走り回ったりするのです。……彼がこれらの活動に飽きるのは、くたくたに疲れたからです。もし彼が肘掛け椅子にどさりと座るなら、それは居眠りをするためであって、宙を眺めるためではありません。

ああ、でも人々は考えるのです、彼は「賢い」のだから、と。彼は「程度が高い《ハイ・グレード》」のだからと。それは、本当にそのとおりなのでしょうか。私たちはあまりにもまざまざと、赤ん坊時代と子ども時代の彼を思い出します。彼はあまりに容易に世界への関わりを失ってしまうのです。どんよりした表情が彼の顔に貼り付いて、もしそれが固定すると、彼は目覚めていても外からの刺激にはほとんど反応しない状態になってしまいます。これを避けるためには、迅速に介入しなければなりません。いったい何度ぐらい、「リチャードのスイッチが切れている」のを見なければならなかったことでしょう。そして私たちのうちのひとりが、父親か母親か、兄のキースもそれに劣らず、やれやれという感じでリチャードが没頭している活動をやめさせ、何かを一緒にやって、彼の心が動くように強いるのです。それは本当に一苦労でした。でも、私たちが彼にかまえばかまうほど余計にそうするようになり、さらに自分の意志に任せられたときには、あえてそうするようになってしまいました。

キースは、通常の男の子向けの遊びを、リチャードに教える手段に変えるのが特に上手でした。彼らがおもちゃの車を持って床の上で這いまわって遊んでいるうちに、リチャードは車を色で選び、区別し、ついには乗用車、バイク、バンそれにバスを数え、名づけることができるようになったのです。

リチャードは、どんな遊びの中にも学ぶ機会を見つける意欲があり能力もある兄を持って、疑いもなく幸せでした。このことは、彼の興味の幅を広げるのに、とてもよかったに違いありません。私たち両親は、物事はリチャードの理解を超えていると、キースよりもすぐに考えてしまっていたのです。キースは、自分が関心のあることは、どこかリチャードの関心も引くにちがいないと期待したのです。

最近では、従来よりも多くの知的障碍を持つ若者たちが、子どもの頃からよく刺激を受けてきて、人生一般について生き生きとした関心を持つことができるようになってきました。かれらに少しでも学ぶ力があるならば、教会は、かれらがイエスについてもっと学ぶ機会を拒んではなりません。「神はかれらを愛し、理解しておられる」ということが、人間的な努力をしないことの言い訳になってしまうことがあるのです。

宗教的・倫理的教育は、目に見えない抽象的内容に関わるので、教える者の創意工夫が大いに要求されます。理解が限られているという壁があるので、通常の方法で対象にぶつかってもだめです。しかし新鮮な視点から取り組むなら、道を発見することができるでしょう。学ぶ意欲を持った障碍者は、何かを成し遂げたとき、喜びます。だれでも、失敗続きではいやになります。目標は現実的でなければなりませんが、それでも、達成することにはプライドがかかっています。それこそ教師にとっての励みですし、生徒の自尊心のためにも良いことなのです。

学問的教育を受ける展望はほとんど開けませんが、それでも数年前には想像もつかなかったほど多くの人たちが基本的な「3つのR」(31)を役に立つ仕方で自分のものにすることができます。しかし、宗教的・道徳的教育は、「人間の人格の全面的な発展」に重要な貢献をするものです。互いに愛することを学ぶこと――それは単純に言えば、自分の仲間への関心を育てることです――は、重い障碍を持つ人にたずさわって働く人々にとって、こうした教育が最も簡潔な形にまで集約された積極的なものとしての意味があります。神を愛するのを学ぶことも、同じように可能です。実際かれらは、頭のいい人々が理性や科学に基づいて考えるようなハードルと格闘する必要はありません。かれらの多くは、神が主権的に臨在しておられるという思いに平安を感じ、イエスの中に自分たちを本当にわかってくれる友を見出すのです。引き上げられそして降りたもうたキリストが見えないということは、キリストの抽象化を引き起こしません。友人や親しい関係は遠くなっても、ずっとそれらは生き続けており愛に満ちている、という経験がかれらの多くの中にあるからです。これは、障碍を持つクリスチャンたちの単純な信仰と信頼が、知的には能力のあるはずの信仰者たちの疑いや不安をしばしば恥じ入らせる領域なのです。

宗教的な意識

これは定義が簡単な概念では決してありませんし、知的障碍を持つクリスチャンのことを考えると、さらに困難になります。非常に重い知的障碍者と密に関わる人々は、その障碍者について、短い呪文のような言葉によって休みなく動いていた体が静かになったり、何かを突き抜けたような忘我の表情が出たりするということを話します。絵や音楽、時には語られた言葉、あるいはサクラメントの動作が引き金になることもあります。

療育院のチャプレンが、光について話していましたが、視覚教材の中にろうそくの絵がありました。突然アンドリューがその場所で立ち上がり、前に出ようともがきました。彼は突然、祭壇から大きなろうそくを取りたいと思ったのです。チャプレンはそれに気づいて、彼がそれを取れるよう手助けしました。それでアンドリューは、残りのお話の間、前でしっかりとろうそくを手に持っていました。チャプレンの女性は説明できなかったのですが、アンドリューは何かを理解したのです。彼の障碍は重かったのですが、はっきりと何かが彼を動かしたのです。

別のときに、彼女は会衆に尋ねました。「皆さんは、一日中神さまと話していますか」。彼女を驚かせたのは、アンドリューの元気のよい声でした。「はい！」いくらか能力の高い人たちには、言葉による応答ももっと可能です。とはいえ、かれらは他の人から聞いた言葉を用いるので、その表現についても考えについてもそれが借り物かどうかを判別するのは、容易でないことがあります。

別のチャプレンが、訓練センターで、4人の大人たちのグループに、「神さまをどう思いますか」と尋ねました。彼らは「コミュニケーションには問題のない」人たちだったので、神さまは「いい人 a nice fellow」であるとか「すごく賢い人 someone who is very clever」「すごいお父さん a super father」、また「友だち」であると答えることができました。神さまは「人を助け」、「私たちを良くまた元気にして」、「他の人を助けられるように助けてくれる」というのです。かれらはみんな、神をひとりの人間のように考えていました。かれらは、神の創造的な働きをなにがしか感じていました。ひとりは言いました。神さまは、「ご自分が創った者たちが、彼を愛さないとがっかりする芸術家のような人です」。

イエスのことを尋ねられたとき、かれらは父と子に関する観念を識別するのがむずかしいと思いました。イエスは「親切な人」で、「神のように、私たちのことを考えていてくれる自分たちの主」で、「ただの人間ではなく、特別な種類の人」で、「地上ではなく高いところにいて、私たちの問題に耳を傾け、私たちが行くところにはどこにでもついて来る方」だというのです。

ひとりは、受肉を説明することもできました。

神さまは思いました。旧約聖書の人々は私のことをわかっていない。なぜならかれらは私を見ることができないからだ。だから私は地上に行こう。イエスを通してすべての悪いことはゆるされます。イエスはただの人間ではありません。人間で、そしてほかの何かです。なぜなら、彼は死人の中から起きたからです。イエスは、ほかのだれとも違った方です。違った波長の方なのです。

聖霊に関する直接の質問は出されませんでしたが、そのグループ全員が、はからずも三位一体の第三の位格についていくらか言及しました。「考え深い霊」、「私のそばに立っている見えない方、その方を私は見ることができない」。

かれらは、祈りとは神に向かって語りかけることだと知っています。しかし、お祈りは、それだけがかれらにとって頼りになるもので、自分たちが助けてもらいたいときや、自分の直接の仲間が助けてもらいたいときにしています。ある人は、自分はふだんは祈らないが、神さまのことはよく考えるそうです。彼は言いました。「それで合格だと思いますか。私はうまくいってますか」。

この4人のうち3人には、集団で礼拝する規則的な習慣はないのですが、そのうちふたりは、もしも適切に導きがあれば、定期的に教会に行ってもいいと考えていました。4人目は堅信礼を受けていて、毎日曜日に朝課Matinか聖餐に行っていました。自分の手に「白くて丸いパン」が置かれたときの思いを尋ねられて、彼は答えました。「その時、イエスが私と共にいます」。

　このグループは、「典型的」とは言えないかもしれません。かれらは、チャプレンとの「うちとけた」話し合いの中でよく応答できる人として、センターのスタッフによって選ばれた人たちです。でも、そのチャプレンが注意深く結論付けたのは、かれらが過去の家庭や、週日に行く学校や日曜学校の経験から、確かに宗教的な情報をつかんでいる、ということでした。かれらは、神と人との違いについての感覚を持っていました。かれらは、肉眼で見ることのできない存在についての考えを、なにがしかの仕方で理解することができました。かれらは、他者の必要《ニーズ》について関心を示しました。このチャプレンは、この経験が基礎となって、共感的な教職者や信徒がかれらをキリスト教信仰のより大きな理解へと導き、礼拝共同体の中に完全な居場所を得ることへと至らせることができると判断しました。[32]

　信仰の中で育てられた障碍を持つ人たちの場合、事は不思議なくらい早く進みます。おそらくかれらは健常の人々よりも、聖なるものを俗なるものから区別して棚上げにしてしまうことが少ないのでしょう。かれらはたぶん、時間と空間の距離をあまり感じないのです。うちの息子たちがエプソムダウンズから帰ってきたとき、キースがずっとくすくす笑っていました。リチャードが、大きな入り口のところにある「馬小屋」という看板を見たというのです。「そこにだれが住んでいるんだい」とキースが尋ねました。リチャードは答えをよく知っていました。「マリアとヨセフだよ」。

時々知的障碍を持つ人たちは想像力に欠けると言われることがありますが、かれらの経験の範囲内でなら、それはちゃんと働き得るのです。障碍を持つ子どもたちは、おそらく「おとぎ話」よりも、かれらが知っている生活に多かれ少なかれ関係している話のほうを好みます。かれらは、王子をかえるに変えたりかぼちゃをガラスの馬車に変えたりする魔女たちよりも、おかゆが熱すぎると思う女の子や、パディントン駅でスーツケースに座っている熊を考える方が好きなのです。デイヴィッドの経験には、毎年教会で飼い葉桶を見ることも含まれています。彼が８歳で、クリスマスはすでに楽しい思い出になった季節に、母親を窓際に呼び寄せました。そこには母親の鉢植えの植物が飾ってありました。

「見て、馬小屋 crib！」

母親は戸惑って聞き返しました。「馬小屋ですって？」

「そうだよ。飼い葉桶 manger の中に赤ちゃんのイエスさまがいるよ。それに、ヨセフに、マリア、羊飼いたち……」

でも母親の目に見えたのは、葉っぱだけでした。

かれらは、物事を現実的には理解しないでも、何か特別なものがあるのを感じ取るのです。

ミーガンは15歳のときに、療育院の学校の集会でこう歌うことを学びました。

神さまは良い方　God is good to me,
神さまは良い方　God is good to me,
わたしの手をとる　He holds my hand,
わたしが立つのを助ける　He helps me stand,
神さまは良い方。　God is good to me.
（教会学校さんびか）

彼女はしばしば問題行動のために学校を休みました。しかしその歌は、それを歌うときの動作のすべてとともに、いつも彼女と共にあったのです。ずっと後に19歳で彼女は卒業しました。どんなときでも、トラブルがあったとき、かんしゃくを起こしたり他の入居者や職員に暴力を振ったりしたとき、いつもチャプレンがやって来て彼女と共にその歌を歌うと、すべては再び静かになり、関係は整えられるのでした。

そのチャプレンは、なぜだろうと思います。外から友だちが来ることによる気分転換でしょうか。たぶん、何か自分にできることを頼まれる喜びと、それは結びついています。しかし神は、おそらくそのどこかで御手を働かせておられるのです。

リチャードが様々な音声に注意深くなっていた時期ですが、ある晩のこと就寝前にキースは彼に頭文字を区別させるようにしていました。「『おふろ《バス》』は何の字で始まるの？」「Ｂだよ」「せっけんは？」「歯磨き粉は？」などなど。この流れで、キースはついにこう尋ねました。「お祈りは何で始まるの？」「『われらの父』だよ」。(33)

事実祈りは、障碍を持つ人たちの宗教的な意識awarenessを最も良く表します。友人たちが私に言うのです。「リチャードは、自分からの申し出でバプテスマを受けたそうだけど、あなたはどうやって彼の人格的な信仰を判断したの？　彼は『ぼくはイエスさまが好き』と言うでしょうけど、その言葉が彼にとって何を意味しているか、どうしてわかるの？」私は、それに対する唯一の納得できる答えは、彼の祈りを聞いたり、漏れ聞いたりしたことのなかにあると思います。

家族のひとりが病気であったりして、だれかについて心配なとき、彼はその人を助けるために実際的にできることは何でもやります。そしてひざまずいて、イエスにそれ以上のことをしてくださいと願うのです。彼は、それが効果をもたらすことに、何の疑いも持っていません。

彼の就寝前のお祈りは、人のためのとりなしから離れて、ほとんどは感謝することです。幸せな魂を持つ彼は、その一日を思い起こしながら、友であるイエスに語るのです。元日の夜、兄のキースは、その祈りの終わりの部分をたまたま漏れ聞いて、大喜びで階下に降りてきて私たちに報告しました。リチャードは、最後のアーメンの後、ちょっと考えてこう言ったそうです。「追伸。イエスさま、あけましておめでとう！」

障碍を持つクリスチャンたちの祈りを聞く特権にあずかった他の人々によっても、同じようなことが観察されています。スタイルは伝統的でないかもしれませんが、そこには真実で生き生きとした親しさがあるのです。

だれがかれらを教えることができるか?

その答えは、そのことをしたいと十分に願う人ならだれでも、です。

障碍を持つクリスチャンの教育のために教師となる人には、特別な訓練や資格は要りません。しかし、それはだれでも引き受けると期待できるような仕事でもありません。この働きに体当たりしてでも取り組む、という動機が大切なのです。どういう人が教えるのに良いかは、教会によっても違うでしょう。しかしいずれにしても必要なのは、親切で忍耐強いこと、そしてかれらが学び続けるのを助けるのに熱心であることです。最高の人が誰かは、その人が障碍を持つ人と一緒にいて心安らかにいられるかどうかに関わるでしょう。柔軟性と想像力も有益です。とりわけ、経験の範囲内の考えを出て、また別のアプローチを夢想するとなると、なおさらそうです。必要とされる能力は、小さな子どもを教えるのに求められることと似ています。しかし教える人がしっかり心に留めておかねばならないのは、障碍を持つ若者や成人は、決して子どもではないということです。ですから、かれらの年齢にふさわしい人生の経験を考慮してあげる必要があります。

用いる言葉は簡潔で、率直であり続ける必要があります。

牧師の中には、自分は障碍を持つ人たちに話がよく通じると感じている人々がいますが、それはとても難しいと感じる人々もいます。教師は、牧師である必要はありません。ただバプテスマや堅信礼のクラスとなると、必要とされるコミュニケーション能力については他の訓練された人に助けてもらいながらも、牧師が関わるべきです。

こうした準備クラスの運営は、特に、並行して持たれる他のより能力がある志願者のクラスとの関係においては、やりにくいかもしれません。内容が易しいクラスがしばしばより多くの理解をもたらすことがありえますが、分離したクラスは両者の間の違いを強調するかもしれません。場合によっては、幸福な妥協がなされることもあります。そこではすべての志願者が集まって、最初の祈りと最後のお茶の時間を持ちますが、学びのためには障碍を持つ人のグループを含めて小グループに分れるのです。

『思いがけない召命』(34)という作品の中でアン・アーノットは、いかにして彼女の夫――事務弁護士から後に牧師へと召された人ですが――がひとりの女性を訪問したかを語っています。この女性の一人娘は10代で、ダウン症でした。

この障碍を持つ多くの人と同様、この女の子は愛情深い性格で、ある種の真実の知性があり、学ぶことを切に望んでいました。母娘は毎週日曜日の朝の礼拝に来ましたが、その女の子は明らかに家族聖餐礼拝(35)を楽しんでいました。……トムは、何週間もかけて規則的に、彼女が堅信礼に備えるクラスを持ちました。「彼女は、とてもよく理解しているよ」と彼は私に話しました。「まるでイエスさまの友人になるみたいだ。彼女はプレゼントを与えたり受けたりすることについてはすべてわかっているし、私たちがイエスを見ることはできなくても、イエスが私たちにくださる愛の賜物を受けることはどういうことかについて、把握している。彼女は、イエスに語りかけることと、イエスが招いておられる聖餐の交わりに行くことを理解しているよ」。そこで彼は継続的また段階的に、彼女に対して、イエスに従うこと、イエスに愛されイエスによって求められることについて教えていきました。彼女の堅信礼は、記念すべき日となりました。彼女の顔は喜びで輝いていました。私は彼女とその母親を、その後毎週日曜日の朝見かけました。彼女たちは私たちの主なる神を覚え、まさに神からパンとぶどう酒を受け取るようにして、真実な献身の思いとともにひざまずいていました。

別の教会では、牧師は障碍を持つ人に同情的ではあるものの、自分が主体となってダウン症の少女の堅信礼準備教育に取り組んでいくには、力が足りないと感じていました。それで、適切な賜物をもっていると思われたひとりの女性信徒が、その学びを整えるように依頼されました。牧師は、クラス進行に従って、各段階で加わることになりました。

関連する職業的背景を持った人たちが障碍を持つ人たちに関わっている教会もあります。とはいえ、それは大変な仕事になりうるので、月曜から金曜と同じ仕事を日曜もするのが正しいとは限りません。他の教会では、それを面白い変化だと考える他の教師たちもいるかもしれません。成人科の聖書クラスのリーダーで、平日には中等教育の現代言語の教師だという人がいます。日曜日のクラスについて、彼女はこう言っています。

中学校で働くのと比べて、そのクラスを教えるのは純粋な喜びです。教えようと試みるときの奉仕者たちの忍耐は感動的です。学校ではトラブルを用心しています。たとえば、本を取り落としたりしないかとかです。このクラスでは、単純に「心配しないで」と言います。あなたが良い状態になるまで待ってくれるのです。あるとき私たちは、けんかをした場合の考えられる結果を表現しようとして、水差しをわざとひっくり返したことがありました。ところがその思惑は外れて、ドアのぞうきんまで殺到する子どもたちの大騒ぎになりました。かれらはいつも手助けしたいと熱心に待っています。自分自身が申しわけないという感覚はほとんどありません。かれらはみんな、人々の機嫌が悪いときでも、その人たちの祝福を信じて待っています。かれらの信仰は真実であり、かれらの何人かの祈りを聞くことはひとつの特権なのです。

また別の教会では、教師たちの背景が多種多様で、必ずしも明らかな関連があるわけではないということがあります。たとえば弁護士、若い母親、事務秘書などです。これらの人々がみんな、知的障碍を持つ人たちのグループのために特別な準備をして来るのです。こういった教師たちに加えて、障碍を持つ子どもとより能力のある子どもとを自分のクラスでうまく一緒にして、多くのことを教えている日曜学校の教師たちをすべて勘定に入れるなら、教師たちの幅はとても広いものとなります。

私は子どもの頃幸せな日曜学校のクラスを経験しましたが、そこには何人かのグラマースクールに在籍している他の女の子たちと、ひとりの「イレブンプラス」試験[36]に惜しいところで不合格だった子と、ひとりの特別支援学校[37]にいる子がいました。その子は残りの女の子たちより1歳か2歳年上で、苦労しながらゆっくりと読むことができました。そのクラスの先生は、紡績労働者として働きに出る前は小学校教育しか受けていない人でしたが、すてきなクリスチャンで、私たち生徒はみんな彼女によくなつきました。この先生から私たちは多くのことを学びました。その中には聖書に対する愛や、障碍で苦労している友への配慮がありました。その子が自力で何かを成し遂げるためにはいつ励まし、いつ待つべきかを、学んだのです。

あるアメリカの教会では、長いクリスチャン教育の経験を持った年配の夫婦が、過去14年以上にわたって、障碍を持つ子どもたちのために、日曜学校の大きなクラスを作り上げてきました。そのクラスには、25人の「非常に発達が遅れた、多重障碍を持つ人々」が、地域のホームから来ています。「クラスの中ではガチャガチャ、ガンガンぶつける音、ハミングし、歌い、とても幸せそうになる声」が、イエスさまを礼拝しています。「専門家は、ナオミとクリフは、障碍を持つ人たちとコミュニケーションをする能力に、とびきり恵まれていると言います」(38)。この分野で働く人たちは、せっかちにならず、ゆっくりした穏やかな達成に満足できる恵みも必要としています。しばしばかれらは、霊的に何かが成し遂げられたのだ、というあいまいな感触《フィーリング》で満足しなければなりません。知的な理解を生徒に求めることは、現実的ではありません。しかし、障碍を持つ人たちが参加できる活動は、かれらに共に生きるということのいくぶんかを感じ取らせてくれるものです。

病院の敷地内にある、重い障碍を持つ人たちの学校に、18人ほどの生徒がいました。病院のチャプレンは、その学校のスタッフを助ける友人となり、その結果、毎週集会をしてみないかと誘われました。ほとんどの生徒が言語がなく、身体を動かせる子もわずかです。そこで彼は、音楽と体の運動でその活動をすることにしました。

「イエス、イエスは○○を愛する、そう、イエスは愛する、そう彼は愛する　Jesus, Jesus loves ――, yes, he does, yes, he does」という歌を、順番にひとりひとりのところで歌いながらかれらの体に触れ、「○○」のところにそれぞれの子の名前を入れることが、一緒に過ごすその時間の定番となりました。何人かとは共に踊り、喜んでジャンプすることができます。他の子たちは、関節の固まった小さな握りこぶしに指で触れて、ほほえみが返ってきたら大成功です。私たちは18回部屋を歩き回り、18回出会いの時を持ちました。

ある日は教育実習生が来ていて、「ポリーさんは人形さんを持っていた」とか「フライパンの中で6本の太ったソーセージがじゅうじゅう」などの、世俗の童謡をピアノで弾いてくれました。良い時間がすべての――ほとんどすべての人々によって持たれました。16歳になるポールという子は泣きわめいて自分の気持ちを表現しました。そこで彼は自分の部屋へ連れて行かれて、担任の教師から忍耐強く、何が悪かったのか尋ねられました。ようやくポールが伝えたのは、「イエスさまを歌わなかった We didn't sing Jesus」ということでした。そこでチャプレンが部屋に派遣され、ポールをひざに座らせて、「イエス、イエスはポールを愛する、そう、彼は愛する Jesus, Jesus loves Paul, yes, he does, ……」と、ポールがリラックスできるまで歌ってあげなければなりませんでした。

この話から、複雑な倫理を導き出さないでください。いずれにせよ、愛は小さな事柄にやってくるのです。しかしそのチャプレンは大満足で、とうとう1か月間、毎週18回その歌を歌ったほどでした。ポールは「理解」はしませんでしたが、自分が愛されていることはわかりました。

パツィーはポールとずいぶん違っています。彼女は50代で、けっこう能力があります。鋭い聖書の読み手である彼女は、聖書研究のクラスに加わっています。そして別の話がなされている最中に突然、数日前に彼女が読んだ聖書箇所で頭を悩ませてきた質問を、投げ込むのです。「ウリムとトンミムって何？」（出エジプト28・30）。彼女は答えを要求します。なぜなら、彼女はそれが本当に知りたいのですし、ここには彼女を助けることのできる友だちがいるからです。その人たちは、パッツィーがわかる言葉で、満足のいく答えをすることができるでしょうか。

教会という文脈で、だれが知的障碍を持つ人たちの良き教師になれるかについて、確実な即座の答えはありません。ここに示された実例のいくつかに温かく反応するのは誰かということを見るのも、ひとつの良い指針になるかもしれません。

どのように取りかかるか？

若くて、重い障碍を持っている人たちの場合、かれらを様々な活動に巻き込んでいくことが大事です。歌ったりハミングしたり手拍子をしたりするのに適した、覚えやすいメロディを持った単純な讃美歌、絵や人形などの視覚的な補助教材、身振りによる物まね、こういったものはすべて何か応答をさそうものであり、すべてを言葉で教えるより有効です。

療育院の礼拝を担当しているチャプレンが、ある週に「神に聞く」というテーマを設けてエリヤの物語[39]をしました。そして、音の効果でとても楽しんだのです。会衆の人たちは、マイクに息を吹きかけて激しく吹く風を表しました。彼らはみんなオルガンの音が加わってくると、地震に揺さぶられました。みんなでクレープペーパーをひらひらさせて、炎の揺れとしました。そして対照的に静けさが訪れ、小さな声が来るのです。その朝、かれらはその礼拝を楽しみました。ひとりかふたりは、きっと神さまについて何事かをつかんだことでしょう。

このような活動は、地域の教会の日常の礼拝では難しいでしょう。しかし参加型の要素は、極端なものでなければ、障碍を持っている出席者を礼拝行為にもっと引き入れるために用いることができます。

もっと年齢が上で能力の高い知的障碍者のためのキリスト教教育に取り組んだ人たちは、間もなく、それにぴったりの既製の教材がほとんどないことを発見します。その教師たちは、繰り返し既成の教材を作り変えたり、独自のものを新しく製作せねばなりません。それは、もともと多くの時間を要するこれらの仕事に、さらに重荷を付け加えることになります。

子ども向けの教材はたくさんあって、そのうちの多くは、元来の対象年齢よりやや上になりますが障碍を持つ子どもたちにも使うことができます。しかしもはや子どもではない人たちには、ほとんど合いません。概念や言語レベルではまだ釣り合うのですが、絵や設定が子どもっぽいのです。子ども用聖書や聖書物語の本は、しばしば用いることができます。しかし、特に聖書の教えを現代生活に適用することに関する教材となると、適切な本がないのです。いくつかの教会はその経験から、こうした教育は性倫理とオカルトに対する態度を内容として含む必要があることを指摘してくれました。障碍を持つ人も現代世界に属しているのです。

全国でかなりの人たちが、授業を共通にしているはずで、そのいくつかは上手に組み立てられた内容です。しかし大部分は孤立して実行されており、アイデアを分かち合うことはほとんどありません。宗教関連書の出版社は成長の見込みのある市場を必要としているのですが、この市場は購買力が小さいし、市場の全体を見渡すことも難しい状態にある、と考える人もいます。しかしそれは確実に成長しています。

「私に合ったいい本はありませんか」という問いが、あちこちの教会の本棚のところでしきりになされています。本や雑誌が、教師たちからだけでなく、障碍を持つ成人自身から求められているのです。

とりわけ堅信礼や信仰者のバプテスマの準備授業のためには必要です。なによりもまず教会が、障碍を持つ人がサクラメントを受けるのが適切であるという決断をしなければなりません。最近のバプテスト教会の調査は、原則的な意見に隔たりがあることを示していますが、それはおそらく他のほとんどの教派の中にもあるはずです。

重い障碍を持つ人たちには、これらのことはふさわしくありません。

かれらは愛されるべきですし、自分が必要とされていると感じさせるべきですが、私は、サクラメントが意味することを理解できない人々に、教会員の資格を与えることに意味は見出せません。

サクラメントは、神から私たちへの贈り物です。ある場合には、これらの重い障碍を持つ人たちにバプテスマや聖餐を授けることは、信仰の道を踏み出すことであり、「神はあなたを愛しています――あなたは神から価値あるものと思われ、配慮されています」と告げることです。

私たちは結果的に、「そうです、あなたは私たちの生活の一部です」と言うことになります。サクラメントは、私たちすべてが言葉で表現できることを超えた内容を言い表す方法なのです。

サクラメントを受けるのを教会が認める決断をしたところでは、多くの人々が、これからは他の志願者たちと同じように真剣に、準備に取り組まなければならないと考えています。しかし、どのように進めればよいでしょうか。

ある牧師は、障害を持つ人たちがシンボルの重要性を理解するのを助けるよう勧めています。親しい握手やハグやキスから始めるのです。また、何が賜物として与えられ受け取られているかについて考えるのです。

言語障碍は、障碍を持つ人たちによくあることで、友人になろうとする人たちを途方に暮れさせます。アンナの障碍は知的なものではないので、彼女はコミュニケーションに主要に困難があることがどんな感じなのかを、より良く伝えることができます。彼女は、他の人の理解の助けとなる次の説明を、牧師が書くのを手伝いました。

アンナは、教会の近くにある身体障碍を持つ人のための寄宿学校の生徒です。彼女は、言語コミュニケーションに困難を覚える、身体あるいは知的障碍者たち（両方を持つ人を含む）と学びを共にしています。アンナは15歳の頃、信仰者のバプテスマを志願しました。彼女はじゅうぶん真剣でしたし、私の心中もバプテスマを授けることにありました。しかし、準備はどうすればよいでしょうか。学校のスタッフの提案で、私たちは一対一の準備期間を延長することにしました。最初からアンナと私は、理解の問題に直面しても、いらだたないようにしようと約束しました。進み具合が遅いことがあっても、私は、彼女のことを理解できないのにできるふりをしないことにしました。実際には、やってみたところ、理解することは最初心配したほど困難ではありませんでした。……彼女の信仰の現れはひとつの霊感と言えるものであり、他の志願者たちと同じく、アンナはバプテスマを受ける前の礼拝で、言葉による証しをしました。この証しは、その日のために前もって行っておいたインタビューに基づいて、問いと答えという形式で成し遂げられました。クリスチャンであるアンナの言語訓練士も立ち会ってくれて、とても喜んでいました。アンナの身体はたえず動きましたが、全浸礼によるバプテスマには何も実際的な問題はありませんでした。アンナと教会の関係は、これからも続く課題です。彼女は聞いてくれる耳を必要としているのです。彼女は、10代の若者ならだれでもそうであるように、いろいろな疑問や悩みを持っています。しかし不幸なことに教会の人たちは、彼女の聞き取りにくい言葉を十分に理解できないと当惑し、あてずっぽうで「はい」とか「いいえ」とか返答するのです。かれらは会話に入っていくことを避けるか、うまくいっても長くは耳を傾けないのです。たしかに障碍を持つ人は軽んじられ見くびられているのです。

アンナと話すと、障碍を持つ人が心の中でどのように感じているかを知ることができます。彼女と違って、障碍を持つ人の多くは、自分の感情を簡単には表現できませんし、おそらく「砂糖を入れますか」以上のことを尋ねられる機会もありません。アンナは私に、「自分は普通に扱われたいのだ」と語っています。学校は、彼女の生活のために多くのことを整えました。身振りによる言語、単語表、慣用句の本、そしてコンピューター技術が導入されました。でも、彼女は普通に話したいのでしょう。アンナと同様、障碍を持つ人の多くは、新しい関係を新しい人々と形成するという変化に直面して、これらのコミュニケーションの技術を原点に戻って発展させていくのです。

堅信礼やバプテスマの授業は、主に礼拝の中で実際に起こることを経験する中で、１、２回に減らして行うこともあり、あるいは数か月以上に延長することもあります。それは、個々人の能力によります。一度に長い間集中することができる人はあまりいませんが、しかしリチャードのように比較的能力がある人は、学ぶプロセスを大切にし、ゆっくりとですが一回一回に供給されるものが短ければ、相当多くの教えを吸収することができます。私たちの教会の女性牧師は、通常の若者向けバプテスマ・コースの授業を単純化すれば、多くのかぎとなる概念を用いることができると気づきました。けれども、１回の授業でいくつものことに取り組むよりもむしろ、１週間にひとつだけ導入するにとどめたほうがいいでしょう。リチャードはその授業を楽しみました。そして結果として、習ったことを多く覚えていました。ですから、このことに1年間の時間をかけたのは良かったと思います。

子どもによっては、授業と授業の間に習った内容を忘れないためになされる、小さくて簡単な宿題を喜びます。実は宿題というものは、それ自体かれらにとって誇らしいものなのです。宿題はかれらの10代の兄弟・姉妹の家庭生活ではあたりまえのものでありながら、特殊教育ではたいてい欠けているのであってみれば、なおさらです。リチャードは、今習っているテーマを表現する絵を見つける宿題を喜んでいました。ですからあるトピックはある週に始まり、復習の形で次の週に終わり、そして新しいテーマへと移っていくということがよくありました。

他の教会の話ですが、アランは次のレッスンに備えて、牧師が用意したノートを使って、自分のペースで、関連する聖書箇所を調べることにしています。こうすることで、次に会ったときに、牧師は、アランにとってまったく新しいわけではない考え方にまで発展させました。その教会は、アランのバプテスマを、彼の新しい誕生祝いとして行いました。彼は、誕生日というものは知っています。ですから教会の人たちは、それを「特別な誕生日」ということにして、後でティーパーティーをしたのでした。「ひとりの友だちは、聖書を開いた形のきれいなアイスケーキを作ってくれました。また教会の多くの人たちは、アランに小さなプレゼントを贈りました。結果として、通常とはだいぶ変わった礼拝となりましたが、アランにとってとても意味深く、彼を知っており愛する人々にとっては、大変感動的な礼拝となりました」。

　また他の教会では、18歳でダウン症を持つスティーヴンが、彼よりもう少し若い人向けの通常のバプテスマクラスに加わりました。たとえ全部の言葉を理解できなかったとしても、これは彼にとって正解でした。彼は教会の他の若い人たちや少年団に加わることに慣れ、こうして彼は自分がかれらに属しているのを知ることができました。こうしたグループでは、多くの絵や写真が載っていてあまり難しくない読み物がついた教材が、障碍を持つバプテスマ志願者の理解できる事柄の量を増やしますし、みんながそれを楽しむことができます。

　リチャードや彼と同じような人たちは、レッスンの教材をスクラップブックにまとめて楽しんでいました。ルーズリーフのバインダーあるいはページを透明フィルムで覆った写真アルバムは、よく使われる教材のコレクションを保護してくれます。はさみ込む前に、「修正」することもできます。こうしたスクラップブックには、聖書物語の絵や、イエスを描いた名画や、教会やその活動の写真、現代のクリスチャンについての短い物語、お祈り等々を入れることができます。リチャードは特に、種々のお祈りのクラスを楽しんでいました。感謝の祈りから、臨時クラスでやった有名人やその他の人々のためのとりなしの祈りまで。それは助けを必要としているらしい人々の週刊誌の写真にお祈りを書き加えたものです。

このような家庭で作った冊子は、個人用の特別あつらえ《テイラーメイド》です。それは繰り返し見ることができ、学びを補強し、また友だちに見せることもできます。

その頃マンディは、どこにでも彼女のスクラップブックを持っていきました。学校の人々は興味を持ったので、彼女はそこで少しばかり仕事をしました。それを友だちみんなに読んであげたのです。たぶん彼女は福音を分かち合うために自分の役割を果たしたのです。

マンディの教会には、さらなる副産物がありました。彼女用に教会生活を表現しようとして写真を撮ったのですが、教会ではそのコピーをもうひとつのアルバムに入れて、礼拝に来られなかったメンバーに見せることにしたのでした。

「イエスの友」という言葉は、新約聖書と現代のクリスチャンを結びつける有効な表題です。リチャードは、教会のために働く人々の写真を集めるのが好きです。説教している牧師、演奏しているオルガニスト、花を生けている女性、修繕や掃除をしている人々、お茶を運んでいる人々などです。これらの人々の写真の中に、彼は、教会生活で何かに用いられている自分自身をも含めているのです。讃美歌を出したり、空のコーヒーカップを集めたり。リチャードにとってこれらの写真は、「友人」の交わりと、彼が属する「家族」を物語っているのです。

アーネスト・ブレイドン[40]は、知的障碍を持つ成人のために便利な、授業のアウトラインを提案しています。題して「人間の感情と感覚を宗教概念へと広げる実験」といいます。

第1回　あなたのことを知る　(親交)
第2回　わたしのことを知る　(親交)
第3回　問い——課題。どこで答えを見つけるか?——両親、友だち——助けてくれる人たち(神は助けてくださる)
第4回　言葉——話すこと——対話——電話——両方向(神と話すこと——祈り)
第5回　プレゼント——誕生日、クリスマス——ギブアンドテイク——分かち合い——愛のしるし(神は、その独り子をお与えになったほどに、世を愛された[41])
第6回　良いこと——幸せ、親切、友情、良いマナー(いつも感謝していなさい[42])
第7回　悪いこと——怒り、うそ、だますこと、ねたみ(神があなたがたを赦してくださったように、赦し合いなさい[43])

第８回　この道か、あの道か？　道路標識――正しい方に行くこと――導きの必要（わたしが道であり、真理であり、光である）[44]

第９回　関係――お父さん・お母さん――息子・娘――兄弟・姉妹――家族（神の家族）[45]

第10回　ファンクラブ――まねをする相手（服、話し方、行動）――ついて行く人「わたしは彼のすることが好き」（イエスは言われた、「わたしに従ってきなさい」）[46]

知的障碍を持つ人たちのための宗教教育と聞くと、しり込みしてしまうかもしれません。しかしそれは挑戦する価値があります。経験から言えることは、それは生徒にも教師にも見返りがありうるということです。興味深いのは、非常に多くの健常者が抽象的概念や教会的用語から離れる必要に迫られて、自分自身の理解を問い直され、新たにされるということです。

こうして基本に立ち返って、かぎとなる概念を現実生活の経験に結びつけることは、分級であれ統合クラスであれ、両方に適用することができます。いずれにしても障碍を持つ人はおそらく、彼または彼女を真剣に、その人もまた重要な人だとして受け止めようとした特別な努力を評価してくれるでしょう。

死について教えること

「死について」ということですが、障碍を持つ人たちが関心を寄せるべき分野としては驚く方があるかもしれません。しかしわたしたちが諸方面から聞くのは、この点で知的障碍を持つ人たちは不当に扱われているということです。「驚く」というのはおそらく、わたしたちが直感的にかれらを厳しい現実から保護したいと思っており、わからないままでいる方がかれらはつらい気持ちから遠ざけられると思っているからです。しかしそれは違います。私たちが死を不思議で恐いものだと考えるとすれば、かれらもまたそうなのです。私たちは皆、愛する人の死を嘆きます。障碍を持つ人たちの生活範囲は狭いので、両親や友人の死は、かれらの小さな世界にしばしば非常に大きな打撃を与えます。そこには通常より大きな困惑があります。というのは、かれらにはそれに伴う自分の感情を言い表すことは困難で、時には不可能ですらあるからです。かれらは死について、多くの場合ほとんど準備ができていません。なぜなら、それまでの経験を超えることは何であれ、かれらにとって捉えるのが難しいからです。

知的障碍を持つ人をサポートする「メンキャップ」という団体が印象的なポスターをいろいろ出していますが、私にとって最も雄弁なのは、こう書いてあるものでした。「意味がない？　感じない？　かれらははっきりとは考えないかもしれない。しかし深く感じている」(47)。

これこそまさに、教会がよく考えるべきことなのです。今日の障碍を持つ人たちは暴力や死について知っています。かれらは私たちと同じようにテレビを見ています。でもその箱は、個人が経験するのと同じようには、私たちの感情を打つことがありません。

全寮制の特殊学校から女の子たちが教会に連れて来られました。その教会での聖書物語は、彼女たちが関心を示したように、多くの人にとって新しいものでした。

しゅろの日曜日[48]に、寮母さんはドンナが激しく泣いているのに気づきました。「どうしたの？　耳がまた痛くなったの？」

「ううん、私の耳じゃない。それは今朝先生が言ったこと――主イエスについて。本当はそんなことしなかったよね。そんなふうに彼を殺すなんて――できたはずない。彼はあんなに親切だった。だれにも何も悪いことをしなかった。ああ、それは本当じゃないよね」[49]。

ドンナほど伝達能力のない人は、自分が愛する人の死を信じることが困難です。ひとりの父親が、重い自閉症の息子について書いています。その息子は９歳から療育院で生活していたのですが、週末ごとに自宅に帰っていました。ところがその子の母親が12月半ばに、急な心臓発作で亡くなったのです。ニコラスは10代半ばでしたが、家族は母親の死について、彼と十分にコミュニケーションを取ることができませんでした。

（大学生の姉は）これまでいつもしていたように、ニコラスをクリスマスのために家に連れ帰るべきだと主張しました。彼は家に来ると、母親と会えることを期待して、すべての部屋を探して回りました。悲痛な叫び声をあげて、周りの家具をそこらじゅうに投げ始めました。私たちは薬を与えて慰めようとしましたが、結局はクリスマスの日に彼を療育院に連れ帰らなければなりませんでした。その後一度、家に帰って滞在する機会がありましたが、このときもやはりうまくいきませんでした。

障碍を持った子どもたちは、比較的高齢の両親のもとに生まれて来ることがよくあります。このことは、かれらが両親と共に家で生きる期間が長いこととも相俟《あいま》って、両親がまだ日々の生活の大きな部分であるうちに父親や母親を亡くしてしまうことが、他の若い人々よりも多いことを意味します。

これらの傷つきやすい人々は、愛する人々の死に対する何らかの準備を必要としています。その備えは、葬儀という不思議な習慣への導入を含み、何らかの意味でキリスト教的希望という主調低音をもたらすべきものです。この問題がひとつの家族において、即興でどのように対処されたかを示す一例を、アンの姉から聞きましょう。

復活祭の日でした。週末で家に帰っていたアンは、家族と一緒に地元のバプテスト教会の礼拝に出席しました。彼女の理解力は、非常に限られたものでした。教会の玄関のところには、白い花で作られた美しい十字架がありました。

アン「あの十字架見える？」
姉「ええ」。
アン「同じようなマークを自分の箱に付けてた人がいた。なぜ？」
姉「好きなの？」
アン「うん」。
姉「私たちが死んで、イエスさまにお会いするときには、みんなあんなふうな十字架を持つの」。
アン「あの箱は何のため？」
姉「そうね、古いコートはどうする？」
アン「捨てて、ごみ箱に入れる？」
姉「そうね、あの箱は、特別なごみ箱みたいなものよ。私たちがイエスさまにお会いするときには新しい体をもらうので、古い体はいらないのよ」。

これはあまり神学的な説明ではないかもしれません。でも、復活についてのクリスチャンの希望を説明しようとするものです。もし誠実に考えれば、私たちは皆、死別の時にあたって、この希望に基づく確信を必要としているのです。なぜ障碍を持つ男性や女性には、それと違うことを期待すべきなのでしょうか。

この会話の中で、特に花で作った十字架については記憶されていて、まもなくアンの父親が亡くなったときに役立ちました。アンは、父親が入っている柩と愛らしい花とに気がついて、励まされたのでした。彼女は葬儀に出席し、会葬者にお茶を出すのを手伝いました。彼女は決して家族の端っこに取り残されたわけではなかったのです。

ジョージは20代の前半です。彼は3人の障碍を持つ成員がいる、恵まれない大家族の出身です。何年か前に彼の母親が亡くなった後は、一番上の姉が、長年患っている父親と兄弟・姉妹のために家を守っていました。この家はひどい状態でした。新聞は床に散乱し、着の身着のままでした。ジョージは夜中に町をうろついているという、非常に危険な状態でした。結局、かたっぱしから火災報知機を作動させたことで、保護観察処分になりました。地元のちゃんとした施設に行くことで、彼は清潔になり、食事もきちんとし、前よりも朗らかで、しゃべるようになりました。万事よくなったように見えました。

昨年父親が亡くなりました。ジョージのためになることはほとんどしなかったこの父親には、ジョージはあまり重きを置かないと期待する人があるかもしれません。しかし7か月後に週末に自宅に帰ったときに、教会で聖書のクラスがあったのですが、ジョージの悲しみと喪失感は非常に強いもので、その週末のほとんどを彼は涙のうちに過ごしました。父の死後、彼が自分の感情を表す機会はほとんどなかったのです。彼の悲しみは激しいものでした。このことが私たちに教えたのは、外的に、見かけ上「良く保護されている」という兆候は、内部の心についてほとんど語ってくれないということです。

ある知的障碍を持つ子どもたちのホームで、年長の入居者のひとりが亡くなりました。ある比較的能力の高い入居者の女の子が、亡くなった彼女のことが好きで、ふたりは仲良しでした。モイラは友人の死に打ちのめされてしまったのです。入居者全員がスタッフと共に葬儀に行きました。施設長が次のように回想しています。

その墓の傍らで、心を揺すぶられるような場面がありました。モイラが、亡くなった友人を慰めようとして、棺の上に上ろうとしたのです。それで私は葬儀の間中、彼女と個人的に語り合わねばなりませんでした。それでそこを立ち去るのが、ほかの人よりずいぶん遅くなりました。

モイラの神とイエスとに対する知識と信仰はひどく単純でしたが、非常に感動的でした。

彼女は自分自身の選択で、最近、英国国教会で堅信礼を受けました。地域の無給司祭が、彼女が堅信礼を受けるにあたって、かなりの時間を共に過ごしてくれたのです。

キリスト教の教育は彼女の悲しみを抑えることはできませんでしたが、司祭が彼女を慰めようとした会話によって、彼女は自分が頼るべき偉大なものを得たのです。

注意深く準備がなされたとしても、すべてのメッセージが通じるわけではありません。あるセンターで訓練中の女性が亡くなりました。センターの友人たちはみんな教会に出席して、待っている間は敬虔な姿勢で座っていて、葬列が入って来たので立ちあがりました。

デイヴィッドは、ヒルダは天国に行ったので、彼女のための礼拝に出るのだと聞かされていました。会衆が祈りに入ろうとしたところで、彼は大声で「ささやき」ました。「みんなきれいな花だね。でもヒルダはどこ？」

1981年に「キングスファンド死別対策グループ」が、『悲しむ権利』という報告書を出しました。その中で出されたいくつかの問いは、モーリーン・オズウィンの『肉親の死別と知的障碍者』(50)という本の中で、さらに深く検討されました。彼女が強調しているのは、他のすべての人と同じように、知的障碍を持つ人たちが悲しみの諸段階を経験しないと考える理由は、何ひとつないということです。かれらもまた、そのようなときに特別な援助を必要としているのです。彼女は、このことをジェインの例を引きながら解説します。

ジェインは年老いた両親と暮らしながら、成人訓練センターに通っていました。家でもセンターでも、彼女は通常、正式の身振り言語によってではありませんが、比較的よく意志を伝えることができました。彼女の父親が長い病気の末、ジェインが介護の手伝いをしているさなかに亡くなりました。ジェインは柩の中の父を見ましたし、葬儀に行き、会葬者の食事の手伝いをしました。母親は、「パパはイエスさまと一緒にいるから大丈夫なのだ」と語りました。成人訓練センターに戻って、友人たちの共感によって心温められて、涙を流しながらも勇気をもってジェインは父の死の絵を描き、墓に置くための陶器の花瓶を作りました。劇のクラスでは、葬儀に行く様子が演じられました。家では、彼女と母親は助け合って、喪失を受け入れようとしました。数か月間ジェインは失意の時を忍んでいましたが、次第に元の静かで守られた生活へと戻っていきました。

２年後にジェインの母親は、彼女がセンターにいるときに急な心臓発作で亡くなりました。ソーシャルワーカーは彼女のために遺品を集めましたが、彼女を不安にさせるのではと思い、家には連れて帰りませんでした。そのかわりに、彼女は急に20マイル離れた見知らぬ施設に移されました。遠い親戚が葬式の準備をし、ジェインが出席するべきだとは考えませんでした。かわいそうなジェイン！　彼女の幸せな生活は閉ざされ、善意からのものであっても、知らない人々とのコミュニケーションには大変な困難を抱えることになりました。彼女は不安が大きくなり、人とぶつかるようになり、ついには攻撃的にさえなってしまいました。彼女を気遣って元のセンターから訪ねて来た人たちは、かれらがジェインにしたことは良くなかったと知らされることになりました。彼女は母親の話が出ると、泣いてしまったからです。最後にはジェインは落ち着きましたが、前より引きこもった受動的な生活になってしまいました。

知的障碍を持つ人たちに牧会的に関わる者はだれでも、悲しみは遅かれ早かれその人たちの人生の一部になるのだということ、そしてキリスト教の希望は彼らのためにもあることを認めるべきです。

ラルシュ共同体[51]のホームのひとつで、障碍がそれほど重くないメンバーのひとりに、死が差し迫っている心配がありました。共に暮らしている仲間はそれをどう受け取ったのでしょうか。

死という出来事が起こったとき、ベッドの周りに祈る人たちがいることは正しいことなのだ、と感じられました。そうしなければならないわけではないということは誰にも明らかでしたが、みんなが集まってきたのです。チャプレンが祈り、みんなで一緒に単純な歌を歌いました。『主われを愛す』です（最後の節を覚えていますか）[52]。

しばらくして遺体が霊柩車に運び込まれると、みんなが階段の一番手前に立って、手を振って見送りました。「バイバイ、ジョニー、天国で会おう！」

なぜかれらを教えようとするか？

私は、「いかにしてHow」や「誰がWho」という問いに答えることで、これらの軽い、重い、また深刻でさえある学習困難の人々がイエスをよく知るのを助けることには、価値があり得ることを示そうとしてきました。

こんなことは現実には「民間宗教」の慰め以上のものではない、と考える人があるかもしれません。しかしここにある事柄そのものは、ずっと能力のある多くの人にとっても、頼るべき何かなのです。ある療育院の女性チャプレンは、施設の住人たちが彼女とどこで出会っても彼女の手を取って自分の頭にのせて祝福してほしいと願うとき、実はこの同じことの確認が求められているのだと理解しています。かれらは彼女を教会と結び付けて見ているのです。そこには慰めに満ちた含蓄があります。

ある特殊学校の付属ホステルの女性所長は、ひとりの少年がそこに週日滞在しているときに、夜間彼を落ち着かせるのに非常に苦労していました。その子はどうしても起きていようとし、歩き回り、ほかの子たちをベッドから引きずり出そうとするのです。彼をなだめるためには、強い薬を与えなければなりませんでした。ところが家ではまったくそんな問題はなかったのです。

女性所長は、その子の母親と一緒に、慣れ親しんだホームの日常の行動や動作をチェックし直しました。何か漏れているかもしれないと思ったからです。最後に母親が遠慮がちに指摘したのは、彼女は息子と一緒にいつも就寝前に「主の祈り」を唱えているということでした。実は所長は、その男の子が時折「主の祈り」から一言二言言っていることに気づいていました。それなのに彼が発するメッセージを聞き逃していたのです。彼女は、もし寝る前にその子と「主の祈り」を一緒に唱えるなら、彼はたとえ目覚めて横たわったまましばらくの間独り言を言ったとしても、起き上がることはもうしないかもしれないと思いました。「主の祈り」の文句は愛情と安心と結びついて気分を落ち着かせるものでした。いったんそうとわかれば、これはどのスタッフも簡単にできました。まもなくかれらは、薬剤はまったく必要ないことを発見しました。所長は、他の親たちももしかしたらこうした項目を子どもたちの日常の行動や動作に数え上げるのを遠慮しているのかもしれないと心配しています。というのは、担当スタッフがクリスチャンかどうかわからず、またこの習慣が子どもにとってどんなに大切なものになっていたかに気づかないからです。

もう一方の側にあるのは、リチャードのような人の場合です。かれらは聖書が好きでそれに親しんでいて、その多くの物語を生き生きとすぐに思い浮かべることができます。その辺の登れそうな木をザアカイと結びつけ、ダービーの厩舎をクリスマスの馬小屋と結びつけることができるのです。かれらにとってこれは遠い彼方のことでも遠い昔のことでもなく、生活の一部なのです。こうした直感的な反応によって、かれらは私たちのほとんどよりも素早く、友人たちの顔の上に生ける主の姿が反映しているのを見るのです。その友人たち自身が、今日の地上でも生き続けるキリストの身体を形成しているのです。

これらの「子羊」を養うこと、かれらがイエスのことをもっと知るように助けることは、目標を強制されたうんざりするような苦役ではなく、大いなる特権です。かれらの子どものような性質が、「聖なる無垢」とまではいかなくても、「心が清い」状態を作り出す助けになっているとするなら、たぶんかれらはわれらの神を見ることができているのです。(53) おそらく、私たちが十分にかれらに近づくなら、私たちもまた、かれらを通して主なる神を垣間見ることが許されるでしょう。

第6章　かれらは教会のために何ができるか？

　リチャードは私たち夫婦と一緒に、私たちの教会で開かれたロンドンのバプテスト信徒大会に出かけました。ホスト教会の一員として、彼は人々を歓迎し、飲み物を給仕し、トイレへ案内し、新旧の友人たちとおしゃべりして楽しみました。礼拝は長かったのですが、なにより多くの会衆が讃美歌を歌って盛り上がったので、とても喜んでいました。

　礼拝後、夫と私が友人たちと話をしている間、リチャードは奉仕者を手伝って片付けをしました。彼は急いでマイクを片付けました。というのは、私たちの教会の音響設備が前年に盗まれたことがあったので、彼はこれが一番大切と考えたのです。いろいろな書類が配られたので、長椅子の周りにはかなりの枚数が散らばっていました。それが片付けられ、よその教会からの奉仕者は立ち去りました。しかしリチャードは、まだ自分の教会はきれいに片付いていないと思ったのです。大きな説教壇とその下の聖餐式用の机は、どちらも定位置から大きく動かされていました。奉仕をした人たちは、翌日何とかするつもりだったのでしょう。でもリチャードは、神の栄光のために教会がきちんと整頓されているのを見たかったのです。それで彼は重い家具を置き直し始めました。

私たち夫婦は、リチャードが教会のホールで合流してこなかったことを不審に思い、しまいに彼を捜しに出かけました。彼は、きれいになった礼拝堂でほとんどの明かりが消えた中で、静かに立っていました。

「おや、リチャード、ここであなたがすることはもうないわよ」。

「まだ行けない」と彼は答えました。「ぼくは戸締りをする鍵を持っていないし、ポーチのところに汚い服を着たおじいさんがいる。ぼくは教会を守るためにここにいる」。

確かに街のホームレスがひとり、ホールに身を寄せていました。教会は、開いている時にはこのような人を歓迎するのですが、戸締りをするときには建物からは出てもらうのです。長椅子にだれか寝ていて、見逃されることもあります。リチャードも知っているのですが、日曜日にはいつも、無人になる時に礼拝堂は施錠されます。でもその晩は、鍵を持っている人が決まった時間に現れなかったのです。システムが綻びました。それでリチャードは、主の家の責任ある門番として、静かに用心して立っていたのでした。

かれらの賜物を受け入れること

クリスチャンが障碍を持つ人々のことを考えるとき、それはたいてい同情を伴っています。私たちは、神がかれらを愛しておられることについては、何も疑問を持っていません。私たちはかれらに関心を持ち、かれらを助けるためにできることをしなければならないことは認めています。しばしば私たちは、かれらを聖書の中の貧しい人々や社会から疎外された人々にたとえます。それなのに私たちは、かれら自身が与えることのできる何かを持っているということを、十分に認めようとしません。ひとりの牧師が、知的障碍を持つ人を教会の一員として迎える理論的な可能性について書いています。

このような人は、活動的なメンバーとしてではなく、愛と好意の受け手として、キリストの体の一員（肢体）であることから締め出されてはいない、と理解されよう。

しかし障碍を持つ人々は、単なる「親切の受け手」以上の者となることができます。忍耐強い援助と励ましとによって、かれらの多くは教会生活において活動的で有益な役割を果たすことができるのです。障碍が身体的である場合にすら、私たち「五体満足」な者は、このことを非常によく理解しているとまでは言えません。知性が厳しく制限されている人々に出会うときには、それがもっと難しく思われるのです。同情から正しい評価へと飛躍するためには、神の恵みが必要なのです。

いくつかの教会はこれを実行しました。それらの教会は、障碍を持つ人たちが自分たちの中で貢献しているということについて情熱的に話します――たとい時にはひどく当惑することがあるということを、心の痛みを伴いつつ率直に認めねばならないとしても。たとえば、「ドリーはとてもいい子だけど、盗癖を抑えることができない。特に教会の遠足のときには警戒しなければならない」などです。知的障碍に対しては、高貴な感情を伴いつつも、しばしばこのような率直極まりない現実主義を必要とします。そのことは、私たちの主イエスと無縁ではありません。イエスは人々が飢えたり、ほこりだらけの足だったりした時に、かれらに気づき、その世話をなさったのですから。

また別の牧師は、障碍を持つ人々を教会で受け入れることについて問われて、次のように見解を述べています。

神の国は、理解に関わるものではなく、キリストの愛を受け入れ、その愛を他者に与えることに関わるものです。これは、多くの知的障碍を持つ人々が、他のクリスチャンたちを恥じ入らせる分野なのです。

私たちのほとんどが、障碍を持つ友に抵抗を感じることのひとつですが、かれらは人を抱きしめるという衝動を持っています。かれらは感情を身体的に表現する必要があるのです。私たちはしばしばそれはやりすぎだと感じ、混乱し当惑してかれらの腕からもがき出て、友情に肘鉄を食らわせてしまうのです。
時折知的障碍を持つ人たちは、かれらが物事をなしうる能力によって私たちを驚かせます。私たちは注意深く、かれらには何が適していて、何が可能なのか、かれらには何をさせることができるかを考えます。私たちは、単純で単調な作業をするように勧め、かれらは神の栄光のために喜んでそれをやり他の人を助けます。時にはかれらは活動範囲を広げ、完全に予想外のことをするのに成功して、私たちを驚かせるのです。キリストは私たちすべてに、当たり前と思っていることの向こうにあるものを見よと呼びかけておられます。私たちは、かれらの賜物を受け入れることに開かれている必要があります。それはかれらにとって意味あることであると同時に、教会もかれらから益を受けることができるからです。
出典はわかりませんが、知的障碍に関する「幸いの言葉」(54)が広まっています。それらには、次のような優れた洞察が含まれています。

Blessed are you who ask for our help　私たちの助けを求めるあなたがたは幸いだ。
For our greatest need is to be needed　私たちの最大の必要は、必要とされることだから。

この言葉は、堅信礼の準備をしていたマンディという女性のために特に考えていた教会によって、良く理解されました。教会は、それをサクラメントの中に生かそうとすらしたのです。

私たちは普通、手作りのパンを聖餐のために準備しますが、堅信礼志願者には聖餐のエレメント（パンとぶどう酒）の奉献と聖餐式礼拝の献金奉仕をお願いしています。マンディはこの機会にパンを作るお手伝いをしたので、堅信礼のときに彼女は自分が作ったパンを持ってきて牧師に奉献しました。この出来事は、彼女の『イエスさまの友だち』という愛すべき手帳に記されています。この公的行為は教会全体に、マンディには受けるだけでなく与える力があることを宣言したのでした。

かれらが持っている賜物

知的障碍を持つ人に時々使われる言葉ですが、通常軽蔑的な意味合いで、「単純な心」と言われることがあります。かれらが教会に奉げることの多くは、かれらの単純さから湧き出ているのですから、私たちはこの人たちの単純な心についてもっと肯定的でなければなりません。リチャードの友だちのひとりで、知能だけでなく身体もひどく発達が妨げられた女の子がいますが、輝くような小さな魂の人です。「あなたはすてきね。ああ、あなたはすてきね」と彼女は友だちにあいさつします。「なんてすてきな家。なんておいしい食べ物。これおもしろいね」。彼女は、ひどい状況だろうと私たちが思うそのところで、人生が自分に与えてくれるものを肯定的に評価しようとするのです。

知的障碍を持つ人たちの中には、世の中を恐れるあまり、それが次に自分をどんなにひどく扱うかと思うと、悲しくてひきこもってしまう人々があります。多くの人は、障碍の元来の性質からして、他の人と容易には関わることができないか、あるいはそれがまったくできません。それに比べて、ダウン症の人たちはしばしば幸せそうな様子で、社交的で、本当に祝福されています。それとは言っても常識的な考えとは違って、すべてのダウン症の人が朗らかで外向的なわけではありません。

しかしながら、知的障碍を持つ人で次のような人も数多くいます。様々な条件や状況にとらわれてふさぎこむのではなく、自発性と信頼をもって人生に立ち向かっていく人々です。純真に、かれらは単純な物事に喜びを覚えるのです。かれらはとらわれずに生きています。そのことには、とまどわせる面もあると同時に、喜ばしい面があるのです。

モリーは療育院で暮らしています。彼女は教会生活をとても楽しんでいて、礼拝堂に入ってくるときにいつも「主をほめよ、賛美せよ」と歌いながらやってきます。彼女は牧師が大好きで、会うたびに「おはようございます、教会さん」と言って、抱きついてあいさつします。困るのは、外出したときに、体格のいい白髪の男性を見ると、「教会さん」と言って抱きついてしまうことです。

モリーは帽子に対する情熱を持っています。主教の訪問の後、彼女は療育院のグラウンドで、1本のズボンを主教冠のように頭にさかさまにかぶり、厳かに「主をほめよ」と歌いながら行進しているところを見つかりました。

私たちの教会の新しい牧師の就任礼拝で、ロドニー・マッカンが独唱者でした。彼はバプテストの信徒のオペラ歌手で、その後コヴェント・ガーデンにも出演しました。リチャードは彼の独唱を楽しみ、終わった後でロドニーを探し出して、単純な評価を告げました。「あなたはいい声してますね」。

もしこの辺りのページにリチャードが多く登場しているとすれば、それは私が彼のしたことをそばで見て書き留めているからです。彼は重い学習障碍はありますが、多くの面で比較的いろいろなことができ、半ば独立して生活ができる知的障碍者の典型例から大きく外れているわけではありません。その人たちは、かれらのための場所を用意している教会では、多くの場合活動的です。

リチャードはたぶんイースターの喜びをつかんだのです。息子たちはふたりとも別々に土曜日に出かけました。キースはくすくす笑いながら帰ってきました。家に帰る途中、弟の声が並行した隣の道から聞こえたのだそうです。それは彼独特のハレルヤ・コーラスを歌っている高揚した声でした。ご近所が何を考えているかに、人はだんだん鈍感になるものです。

メアリーは継続的に礼拝に出席していて、教会ではほとんどの会衆とおなじみです。彼女が出席しているとすぐわかります。祈祷の終わりで会衆がアーメンと唱えるとき、彼女はいつも遅れて、しかもゆっくりと大声で唱えるからです。

ある日曜日の朝、クリスマス前の聖餐式がある礼拝でのことでした。ドアが急に開いて、メアリーが入ってきました。友達のひとりを探していたのです。その子が来ていないのに気づくと、メアリーはクリスマス・カードの束を、聖餐の奉仕をしていたひとりの執事に手渡そうとしました。牧師も執事たちもその時は文字通り手がふさがっていたので、聖歌隊のひとりが進み出てカードを受け取り、望み通りそれらがみんなに配られることをメアリーに知らせて、安心させようとしました。この会話では、聖歌隊員はささやき声だったのですが、メアリーは地声でした。それで、そこにいたすべての人が、間違いなく彼女が来た目的を知ることになりました。

会衆のひとりが、後で意見を述べました。メアリーのように傍若無人な人が来て、衝撃を与えて私たちを自己満足から引きずり出して、高慢の鼻をへしおる必要があったのよ。

メアリーの努力は、礼拝にとっては迷惑なものであったとしても、もっぱら良い交わりを求めてのものでした。彼女は、クリスマスの幸せな季節に教会の様々な友だちにあいさつを伝えたかっただけなのです。

障碍を持つ人たちはしばしば、人間関係において奇妙な洞察力を持っています。かれらは相手が信頼のおける人か偽物かをすぐさま見極めることができるのです。時として、かれらは明らかにあまり見栄えのよくない人たちと上手に付き合っています。それはおそらく、かれらが外見を素通りして、その奥の人格に出会うからだと思います。

私たちの教会で執事をしている人について、「私はあの人をどう考えたらいいかわからない」と言う老婦人がいました。「とてもいかめしい感じで、笑ったことがないのです」。私は彼女の言いたいことがわかりました。もっとも、私は彼が厳格と言うよりむしろまじめなのだと知っていました。リチャードはまったくとんちゃくせず、彼とうまくやっています。私はまたこの人が、ごく親しい友人以外で初めて、個人的なパーティーやピクニックの折にリチャードを正式に招待客に含めてくれた人であることを思い出します。それをきっかけに、他の人々もリチャードを勘定に入れて考えてくれるようになりました。

リチャードに良くしようと明らかに大変努力しているのに、彼が避けていた人がいました。その人はリチャードの私事に不自然な片言で口を挟もうとものすごく頑張るのです。このたぐいの人々はそんなに努力して、そこに模造品の指輪でもあるというのでしょうか。

一方いつも長い難しい言葉で話すので子どもたちとは打ち解けない人々がいますが、かれらはリチャードとはうまくいっているように思えます。リチャードは、このような人たちを友だちのように思っているのです。おそらく、手加減しないで話すということが、リチャードの気に入っているのです。教会の礼拝の中で、かれらは互いに人と人として出会い、共に働いています。

障碍を持つ人たちが友人たちにいだく信頼は、時には多くを要求する可能性があります。がっかりすれば傷つきますが、その理由を説明することも、その説明を理解することも困難です。

ジャックの教会には、身体障碍のない会員がほとんど入っている掃除当番があります。ジャックがそれに入りたがったので、シルヴィアは、自分の当番のときに手伝ってくれるよう彼を誘いました。奉仕者が数多くいるので、順番は10週おきにしか回ってきません。それはジャックにとっては長い待ち時間です。「もうすぐなの、すぐなの?」と彼女に尋ねました。彼は日付を理解できませんでしたが、次の順番はイースターの土曜日だということはわかりました。「ぼくは来るからね」と彼は約束しました。その日シルヴィアは教会に行きましたが、ジャックの影も形もありませんでした。でも、彼女は心配しませんでした。ジャックはいつも住んでいる村を歩き回っていたので、何か事情があったのだろうと思ったのです。

次の日、ジャックはシルヴィアに対してとても怒っていました。「がっかりした。来なかったじゃないか」。シルヴィアは以前、車で彼を迎えに行ったことがありました。でもホームは教会に近かったので、日曜日には自分で来ていたのです。彼女は、「ぼくは来るからね」と言う言葉は、彼が自分で来るという意味だと思ったのです。言葉で説明しても通じません。ジャックは受け答えはできるのですが、議論となると、まったく勝てないのを知っています。そのかわりに、シルヴィアにあてこするように、教会に行くかわりに何をしたかを話しました。彼女は、彼がどんなに傷ついたかよくわかりました。

これらの単純な魂の多くには子どもっぽい性質があって、かれらの喜びの中に現れてきます。

それは誕生日の大はしゃぎからずっと、大人になるまで持ち運ばれてきたものです。かれらはおそらく他のだれよりも美に対して受容的で、喜ばしい環境を味わい、音楽や美術に独自の好みを持っています。

ある晩、私たち家族はウォータールー橋を渡りながら、テムズ川に照らし出された建物の眺めを楽しんでいました。「見過ごしてゆく者は、魂のにぶい者……」[55]。リチャードは「頭のにぶい者」かもしれませんが、決して「魂のにぶい者」ではありません。彼は叫びました。

「すごいね。金色に輝くエルサレムみたいだ！」

私たちの価値観を考え直すこと

知的障碍を持つ人たちに共感するクリスチャンは、時折次のように主張します。かれらは、現在の物質中心的でギラギラした時代において預言者的証言を担っているというのです。かれらは人生をゆっくりと穏やかに送ります。お金にあまり引き付けられず、むしろ親切と愛情に引き付けられます。

このことは、障碍を持つ子どもとの生活の中にいやおうなく置かれる親たちよりも、高潔にもこの人たちと共に働くことを自ら選んだ人たちにも当てはまると私は思います。親たちは明けても暮れても、主に自分自身の失望や課題や欲求不満に対処しなければなりません。私たちは、学校へ行く年齢になってもよちよち歩きで襲撃を繰り返す子どもに、厳しい目を光らせることで忙しすぎるのです。夜の心配事で、あまりにも弱っているのです。かれらが10代の若者として独立しようと苦闘する際の私たちの特別な責任について、心配しすぎるのです。そしてもはや私たちが周囲から愛し守ってやることができない将来について、心をわずらわせすぎるのです。私たちは、距離を置いてかれらを預言者として見ることなど、まずできないのです。

それでも、かれらが表している異なる価値観の中には、私たちを立ち止まらせ、物事を違った角度から見直させる何かがあります。リチャードが小さかった頃、「ああ、この子たちは一緒に愛を運んでくるんですね」とささやきかける隣の人に、腹が立って叫びたくなったことがあります。リチャードが最近大人になって、私は壁に59枚ものバースデー・カードが貼ってあるのを見て――そして不思議に思ったのです。よく聞いてください。私は次のように問う誘惑に駆られたのです。リチャードがちょうど18歳になろうとするに先立って、それほど多くの友人たちを持ってかれらと語り合わしめたものは、ナイーブな無邪気さなのか、それとも卑しく貪欲な本能なのだろうか、と。

しかしある教会の人がこう書いているのは、まさにそのとおりだと聞こえるのです。

私たちは、自分たちの交わりに知的障碍の人たちがいることで、私たち自身について多くのことを学び、また多くの「思い煩い」からも自由にされてきました。

どんな「思い煩い」から解放されたのかの実例をはっきり語っていないのが残念です。

確かに、私の息子のような人と共に生きることは、困った状況の中でも寛容であることを教えてくれます。友人が最近話してくれたのですが、彼とその妻は、自分たちが介護していた耳の遠い親戚の年寄りが、結婚式の場であけすけなことを言ったので、赤面してしまったということでした。私は、その程度なら自分はまだ平静でいられると思って、多少ゆがんだ喜びを感じました。私たち夫婦は、もっと悪い状況での困惑をとりつくろうために、赤面するよりも笑うしかなかったのです。

ある種のぶっきらぼうなほどの率直さが、この人たちにはあります。かれらは、好きか嫌いかをはっきりさせます。物事を礼儀正しく包み隠すなどということは、たいていしません。小さな子どものようなものだと思います。リチャードはたぶん、私の妹が母親にしたほどに、私をひどく困らせたことはなかったと思います。というのは、妹はある誕生パーティーに行って、そこの女主人に、「私はあなたのパーティーは嫌い。あなたのところのお料理は嫌い。ほかの子どもも嫌い。ゲームも嫌い。家に帰りたい」と言ったのです。しかしその点、リチャードの場合、彼の抗議の言葉は長すぎるスピーチのようですから、言いたいことは明瞭ですがそんなに露骨には受け取られないでしょう。

かれらは親切や友情に対しては、まわりくどくない仕方で応答します。困ったことは、すでに見たように、かれらはこれを身体的に抱きしめることで表すのです。これはしばしば人を困惑させます。奥ゆかしいイギリスの男性は、特にそうなのです。「リチャード、手は自分の体につけとくの。紳士は握手するものよ」と私たちは言います。彼はそれを心に留めようと努力しています。しかしそれは彼には不自然なのです。しばらく前に親しいあいさつで、喜んで他人の肩に手を回してしまったこともありました。私たち洗練された人々こそ、人生を複雑にしてしまっているのは疑いありません。しかしもし社会というものは制約によって成立しているのだとすれば、無制約な人は不愉快で混乱させると考えてしまうのは必至です。

新しい洞察

知的障碍を持つ人たちのキリスト教教育のために努力している教会では、直接的な期待以上に報われる思いをします。マンディの堅信礼のクラスにもっぱら責任を負った女性は、こう述べています。

> マンディは私に多くのことをしてくれました。私はいつも、福音の中心を易しい言葉で表現するとどういうことになるのか、問いかけられています。教会の他の人々も、自分が様々な仕方で問いかけられているということに同意するでしょう。

リチャードのバプテスマクラスを準備してくれた女性牧師は、通常の若い人々のためのコースについても、こうした新しい見方を取るよう迫られたということを、新鮮に受けとめています。彼女はリチャードの授業の経験が、次の健常のバプテスマ志願者に対しても、新しいアプローチと洞察をすることに導いたと感じていました。何かを本質にまで還元することは、しばしば何が最も大切なことかを選び出すために役立つ訓練です。別の10代の若者は、周辺的な事柄を語り合いたいと思うかもしれません。障碍を持つ志願者とクラスを行う場合には紛れがありません。そこでチャレンジすべき課題は、かぎとなる教えを意味のある仕方で伝えることです。

私にとって、また他の多くの人々にとっても、知的障碍を持つ人たちの「預言者的」証しの中心は、かれらが「キリストの体」としての教会に投げかける光にあります。おそらく他教派のほうが、バプテストの多くよりも、このような理解をもっと鋭く認識しています。これらの教派は、個人ではなく信仰者が集められた共同体を強調し、聖書の権威を強調しているからです。障碍を持つ人には、御言葉の奉仕はあまりインパクトがありませんし、キリストを求めて聖書を調べる能力は極めて限定されています。かれらに接すると、私たちは、残されたのは教会それ自体しかないのだとわかります。もし私たちの障碍を持つ友がイエスに出会うべきだとするなら、それはここにあります。これこそかれらが集められた共同体に見出すものです――あるいは他教派の理解による教会の信仰告白の中に見出すもの――それは、かれらに、イエス・キリストの本質を語っているのです。

リチャードは、教会の交わりや生ける分かち合い（聖餐）について、私たちに鋭く認識させてくれました。献児式[56]の礼拝以来、教会の人々は、この子を神の家族の中で育てることを背後から手助けしようという愛から、私たちと共にいてくれました。そのことを心に覚えるたびに、私たちはかれらの関心と助けに心から感謝しました。教会という文脈の中で、リチャードの人間としての成長が促されることを、私たちは何度も何度も見てきました。彼は自分の教会を共同体として愛しており、そのメンバーを個人的に愛しています。彼は、イエスを教会と密接に結び付けているのです。

このことは、教会という環境の中にいる他の多くの知的障碍者たちについてもあてはまります。教会を形成している人々との出会いが、かれらがその場所で学ぶキリストのイメージに彩りを与えていることは明らかです。もし教会でのかれらの体験が愛であるなら、それはイエスの愛の具体化なのです。イエスはかれらを愛しておられると語っても、イエスを信じる人々が交わりの中で疑い深く意地悪で、かれらに仲間外れで拒絶されているように感じさせるなら、どうしようもありません。私たちは「キリストの体」なのです。これは厳粛な教訓であり、その重要性は障碍を持つ人々との関わりにおいて際立ちますが、その射程はそのはるか遠くにまで及んでいるのです。

障碍についての「預言者的証し」は、部分的には両親や家族を通して現れます。自分たちの中に知的障碍者のメンバーがいる教会が、それについての問いに答えたコメントの中に、こんなのがありました。

知的障碍を持つ子どもを持つことは、ふたつのしかたであなたの信仰に影響を与えます。それはあなたの信仰にチャレンジし、それを試験します。しかも大いにあなたの信仰を強めます。

私たちは教会で、その子の両親の勇気と信仰とによって、ずっと助けられてきました。

このことについて感傷的になるのは簡単ですが、それは多くの両親が望むところではありません。しかしそれは、普通は否定的で徒労だとさえ思える状況から、何かしら積極的なことが現れてくることがある、と実感するのを助けてくれます。

実際的な仕事

知的障碍を持つ人たちは、新しいことを覚えるのはたいてい遅いでしょうが、多くの人たちは、何が求められているかをいったんつかめば、有能で信頼できます。かれらは、流暢に話しているので言われたことがわかっているように見えたにしても、言葉による指示にはついていくのが難しいと感じています。「これをして、それからあれをして、それから……」というように手順を守ることは困難です。多くの人は、耳よりも目を使うことで指示がよりはっきりとわかるようになります。何度も繰り返すことが必要ですし、教師はフラストレーションでいっぱいになるでしょう。よくわかるまで前もって教えても、何が求められているかはまた別のときに思い出すといった具合です。しかし教会生活は、慣例の繰り返しでいっぱいなので、かれらが覚えるまで練習するには良い場所です。

私たちの教会のやり方は、リチャードの人生の一部となってきました。私たちは、ほとんどの教会よりも多くの時間を、教会堂で過ごします。なぜなら、私たちの教会は門戸開放を原則としていて、食事も出されるので、日曜日は一日中開いているのです。リチャードは教会の建物の内外を、ほとんどの教会員よりもよく知っています。彼は順番で、礼拝室のドアのそばに立つ奉仕者として仕えます。これは1か月にひと晩の割合ですが、他の奉仕者が都合でできないときは、彼が熱心に引き受けようとするので、それより多くの頻度で入っています。彼が献金を適切に集められるようになるまでには、何週間かかかりました。礼拝堂が広くて細長く、柱が座席の列を乱している上に、夕礼拝の会衆は広く散らばってしまうので、そんなに簡単な仕事ではなかったからです。全員が、彼が慣れるプロセスを忍耐して待ち、ついに彼は融通の利くやり方を会得したのです。献金を集めて捧げることは大変誇らしいことです。そして彼は規則正しい足取りで定位置に戻ります。最近では、教会の側廊を後ろの方に帰っていくのに、初めの頃の満足したようなにやにや笑いの代わりに、威厳のある表情を見せるようになりました。それが、彼にとっては礼拝の頂点なのです。数分後には、説教の間静かにいびきをかいているでしょう。

私たちがホールに移動するとき、彼はすばやく奉仕作業に戻ります。コーヒーカップを片付けるために、お盆を持ってきます。談笑しながらも、何か不都合なことがないか、絶えず目を光らせています。新来者が寂しそうにしていないか、小さな子どもが人々の中で両親とはぐれていないか、事務室のドアが開いてだれでも貴重品に近づける状態になっていないかなどです（私たちの教会はシティの中心にあるのです）。毎月家族単位で奉仕をするときには、彼は昼食を準備し、配膳を手助けしてくれます。最初に台所に入るのをゆるされたときには、実を言えば彼はあまり助けになりませんでした。でも、少しずつ仕事を覚えていきました。今でも大量のジャガイモの皮むきをさせるには、不器用で遅いです。しかし彼は、缶を開けることや、皿を数えて食器洗い機に入れることもできます。すてきな焼き菓子さえ作りました（リチャードの影の声「小麦粉は２袋入れなさい……」）。配膳となると、彼は野菜の盛り付けから始めます。でも彼の好みからしたら、その仕事は台所ですので母親の目が届きすぎるのです（「そうでもないよ。テーブルを回るんだ……それ以上にさ……テーブルの上じゃなくて」）。それで、彼は食堂で給仕を頼まれたことを喜びました。最初彼は行き当たりばったりにテーブルを回りました。給仕をしてもらえなかった人たちは、じきに手を上げて、他の給仕役が代わりに来てくれるのを求めるようになりました。キースは、テーブルとお皿が載ったカウンターの付いたボードゲームを考案して、リチャードがもっと均等に給仕できるよう、慣れるまで練習させました。

私たちの家族の当番日であるかどうかに関わりなく、リチャードはいつもテーブルの上を片付けるのを手伝ってくれます。続いて彼は、その週の奉仕チームが受け入れてくれるなら、お茶の手伝いをするために移動します。今では、彼のお手伝いがない方がいいという人があっても、彼は受け入れています。夕礼拝の後は、彼はコーヒー・カウンターの後ろに陣取ったスタッフに加わって、代金をもらいおつりを支払います。苦労しながらですが、次第に正確になっています。彼は全体のプロセスがよくわかっていて、私が夜の軽食を取った後で指示が必要になったことはほとんどありません。

「ぼくは役に立つ教会員になるように頑張る」と彼は言います。こうした忙しい日曜日が、彼の1週間の頂点なのです。

そんな彼を見て私たちが思うのは、彼は何と雇いがいのある人かということです――雇い主が誰であれ、彼がこつを覚えるまで、ひと月かそこら辛抱すればの話ですが。

私たちの教会はリチャードに寛容で、忍耐強かったのです。そして奉仕というものの本質から言えば、すべてのやる気のある人たちには仕事があるのです。私が10代に属していたのは、より典型的な教会でしたが、やるべき仕事があまりありませんでした。自分としては、キリストと教会のために何かするのに熱心だったのですが、多くのことは求められていないと感じていました。若い人たちには、「巡回伝道者《エヴァンジェリスト》」になることが期待されているようでした。そのような賜物がなければ、運が悪いということになってしまうわけです。その教会は、礼拝で自分たちの理想主義を鋳造しようとして、幾たび若い人々を失ってきたことでしょうか。知的障碍を持つクリスチャンは、本当はここを出たほうが良いということがあると思います。かれらを歓迎してくれる教会は、かれらのために役割を見つける必要を知っています。

かれらは何ができるでしょうか。報告されているその内容は幅広いものです。掃除、食事の準備の手伝い、家具を移動させる、庭の手入れをする、講壇に新鮮な水を置く、子どもやお年寄りの援助をする、讃美歌番号を掲げる、献金を集める、人によっては聖書日課を朗読する順番に入ることさえできます。

知的障碍を持つ成人のホームが近所に別々に3つある教会の司祭が、かれらの貢献についてこう述べています。

> あるホームから来る若い女性たちは、いつも聖ミカエル聖堂の聖所を掃除して、教区の聖餐式の中での奉献行列を順番に交代して手伝ってくれます。ひとりは、聖書日課を読む当番を引き受けてくれています。12月の最初の日曜日、この女性たちは合唱を歌い、説教の代わりとなる文書朗読をしてくれました。
>
> 別のホームから来るある男性は、聖ミカエル聖堂の継続的な出席者で、日曜の礼拝のために鐘を鳴らしてくれます。
>
> 隣の教区では、ホーム・ファーム・トラスト[57]から来るひとりの友が、クリスマス前の「七

つの聖書日課と讃美歌」の式の中で、3番目の日課を読んでくれました。他のふたりは、教区の聖餐のために順番に鐘を鳴らしてくれます。

私はこの3つの施設すべてに関わっていますが、かれらはそれに応答してくれるのです。ふたつのホームの住人は継続的に教会に出席してくれます。私は毎週水曜日にそのうちのひとつのホームで聖餐式を挙行します。

ホーム・ファーム・トラストは、ほとんど3つとも、住人はメソジスト的な傾向の人ですが、毎年クリスマスパーティーで讃美歌の指導をするために私を招いてくれます。

かれらのできる事柄が、多くの場合単純でつまらないものに思えたとしても、それらもまたイエスのためになされたことを認めることが大切です。「部屋の掃除をあなたの法（神）のためにする人は、その法とその行為をすばらしいものにする」と、讃美歌作家ジョージ・ハーバート(58)は宣言しています。私たちはいつもこのことを良く理解しているとは限らないのですが、もし基礎的な家事的雑用がおろそかにされるならば、聖所はたちまち神の栄光のために輝くのをやめるのです。私は、学校の見学で出かけたベネディクト派修道院のことを思い出します。そこではひとりの修道士が、共同体として必要な働きをどのように全員が分け合い、担い合っているかを説明してくれました。学問を学んだ兄弟の学識はしかるべき場所で価値あるものとされていますが、だからといって彼がトイレ掃除の当番から免除されるわけではありません。学校に通う女生徒であった頃の私は、共同の生活について驚くべきことに気づかされました。今、障碍を持つ若者の親として、私は人生を統合された全体としてより鋭く捉える必要を認識しています。人生全体が、生ける犠牲として捧げられるべきなのです。人によってはわずかなものしか捧げられないかもしれません。しかしそのわずかなものが、全体の有機的な一部なのです。

やもめの捧げもの(59)は、人々が自分のできるすべてを捧げるときの、小さな奉仕の価値を私たちに思い起こさせます。ある教会は、ひとりの障碍を持つ若者のことを語っています。彼はお金も一切の個人的な財産も持っていませんが、自分がもらった、きれいに塗られた石を宝物のように大切にしていました。ある日のこと、彼は自分の意志から、役に立つようにと自分の石を献金の皿に置いたのです。疑いもなく神はそれを見て、賞賛してくださいます。ですから教会も、彼の捧げものの物語を分かちあうために、同じことをするのです。

かれらは私たちを驚かせる

時に私たちの障碍を持つ友人は、かれらが身につける事柄によって私たちを驚かせます。

私は、リチャードが教会で奉仕者として活動していることに触れました。でもこれは、私たちが彼に期待してそうなったわけではないのです。成長するにしたがって、彼がその仕事を好きになったのに私たちは気づきました。その仕事を兄がするのを見ていたからです。しかし私たち両親は、それがふさわしいとは思わなかったのです。教会にいつも来る会員は気にしないかもしれませんが、新来者は、教会の扉のところでダウン症の若者にあいさつされたら、戸惑うのではないかと私たちは想像したのです。しかし教会はそれとは違うように考えて、彼にチャレンジする機会を与えました。今では彼は自分の当番を、責任をもって果たしています。

彼の親しみのこもった直接的な質問は、新来者の情報を引き出し、その人たちを他の人に紹介すると会話がはかどります。「この人はピーターです。カナダから来ました。家には奥さんとふたりの小さい男の子がいます」。「おばちゃんの友だちがここに来て、悲しんでいます。行っておばちゃんに声をかけてあげてください」。後の場合は、私は、最近肉親を亡くされた知り合いの女性と会うよう指示されました。彼女は、そのときには自分の教会に来ることはできなかったのですが、親しい顔を見て喜んでくれました。

ある週私たちは、お茶の手伝いをしているリチャードを残して、午後の散歩に出かけました。帰ってくると、彼がとても熱心に私たちを、ミッドランドから来たトムと彼のふたりの友だちに紹介したがるのです。トムはロンドン・マラソンを走ったばかりでした。リチャードは「ブルー・ピーター」[60]でマラソンについて知っていたので、タイミングよく感動したわけです。リチャードがこの情報を間に立って伝えた結果、父親がそれを教会事務室にいたゲスト説教者に伝えました。そこで今度はこの説教者が、会衆の前でトムを歓迎する言葉を語ってくれ、そして、彼が代表して走ったティア基金[61]の働きのために祈ってくれました。その結果、そのかれらは、いくばくかの後援金を得ることができました。

ある午後のこと、ホームレスと思われる人がひとり、私たちの教会のホールに入ってきて、騒ぎ始めました。体の大きな壮年の男性で、ひどく飲んでいて粗暴な感じでした。彼が急に立ち上がって大声で歌い出すまでは大変静かだったので、みんなが迷惑に感じました。私たちは、「困った、だれがこの人に対処してくれるだろうか」と思いました。だれもその仕事を喜んでしようとは思いませんでした。突然リチャードが立ち上がり、勇敢にもその人に近づいていきました。私はドキッとしましたが、友人たちは私をじっと座らせ、私たちは何が起こるか注目していました。リチャードは威厳を持ってその男の人に近づき、その腕を取り、真剣な表情で顔を覗き込み、ホールで騒音を立てて、他の人に迷惑をかけてはいけないと言いました。快活にしかし断固としてリチャードはその人をドアのところへ連れて行き、外へ送り出しました。数分後その男性はもう一度現れて、驚いたことにすぐに、離れて本を読んでいたリチャードのところに行き、先ほどの行動を謝罪し、男性トイレを貸してくれと頼み、最後に出て行きました。

現在私たちの教会に出席しているメアリーという現役を引退した女性は、リチャードととりわけ仲の良い友人です。ある時、私は彼女に対して、リチャードに親切にしてくれることで感謝したことがあります。すると彼女は、「きっとあなたは、私がそういうときに主導権を握っていると思われるでしょうね」と言いました。それから彼女は、何年か前に、教会のメンバーである妹のルースが、メアリーを収穫感謝祭のバザーに招いてくれたときのことを話しました。ふたりは教会で待ち合わせたのですが、ルースはひどく遅れてしまったのです。メアリーはだれも知り合いがいないので、隅でぽつんと座っていました。するとリチャードは彼女のところに行って、彼らしい直接的な言い方で、「あなたは寂しそうに見えます You look lonely」と言いました。「ええ、私は妹を待っています」。「どの人が妹ですか」。そしてリチャードはそこに座って、ルースが来るまで彼女と話をしていたのです。

またしてもリチャードが、私が用いる例話の多くを提供することになっています。なぜなら、私は彼のやったことを見ているからです。でも私は、他の教会も知的障碍を持つ人について同じような経験をしていることを疑いません。

教会はしばしば、障碍を持つ人の多くが有する祈りによって貢献する力について語ります。「うん、祈ることができるよ」というのは、あまり言葉を話せない人にとって少なくとも誇りを感じられる主張なのです。その祈りは短くて単純かもしれませんが、しばしばポイントを突いています。神に語りかける方が、人間に話すよりたやすいのかもしれません。かれらは、全知なる方の側の理解力に期待することができるのです。

障碍を持つ人は、クリスチャンの多くよりも、信仰を「週に一回のこと」と見る傾向が少ないように思われます。そして一般的に言って、信仰によって束縛されていると感じることが少なく、教会の外の人たちに自分の信仰をより自由に話します。

知的障碍を持つ成人たちのためのクラブを日曜日の朝ごとに実行している教会がありますが、そこでは共同体の礼拝の第一部をかれらが占めており、その後は小さなグループにわかれて集まりを継続しているそうです。この集まりは、教会の会堂でコーヒーを飲みながらしたり、地域の喫茶店や公園のベンチでしたりすることもあります。

神はあなたには見えなくとも、どこにでもおられます。あなたは教会にいない時でも、神に語りかけ、祈ることができます。もし神がコカコーラや花や日の光を創られた友であり、いつも私たちと共におられ、私たちが神に語りかけることを望んでおられるなら、私たちは大声で「神さま、ありがとう」とカフェの真ん中で言うのです。日曜日の朝を違ったふうに過ごしている人たちには明らかに迷惑でしょうけれども。その人たちがはじめのうちはそれを聞かない場合にでも、私たちは「アーメン」と叫ぶのです。もしかれらが教会に来ないなら、私たちが教会をかれらのところに持っていきます。

驚いたのは、私たちの隣近所の何人かがリチャードのバプテスマについて私に話しかけてくださったことです。かれらは全然教会に行くような人たちではありませんが、皆それがリチャードにとって大切なことであるのを理解して、ひとりの人はバプテスト教会のやり方について詳しく知りたがりました。リチャードは「良い知らせ」を持っており、それを友だちすべてと分かち合ったのでした。私たち、彼の実の両親や兄が似たようなことをすることは、想像がつきません。

また別のダウン症の若者は、信仰者のバプテスマに向けて準備しつつ、自分が通っている訓練所のスタッフ全員に丁寧に手紙を書き、かれらを礼拝に招待しました。そのうちクリスチャンはわずかでしたが、全員が出席するよう動かされたのです。

奇妙なことに、教会の人たちがいまだに、重い知的障碍の人たちが聖餐をも受ける全面的なメンバーとなることの正しさを疑っているのに対して、キリスト信仰を持たない他の人たちの方が、「障碍を持つ隣人が教会に加わる」ということに興味を持ち、共感的に接してくれるのです。

私たちが、かれらは自分で信仰を持つ力があるのか、と考えている間にも、障碍を持つ人たちは他の人々をキリストに導くことさえしています。ある英国教会の司祭の話ですが、ダウン症の男の子を持った家族が、悲しいことに引き裂かれてしまったのです。その子の姉がその男の子と母親の両方を拒絶したからです。母親は信仰を失ってしまいました。しかし神の恵みがありました。

この知的障碍を持つ男の子は、37歳になって堅信礼を受け、母親を教会の交わりに復帰させ、再び聖餐を受けるようにするために用いられたのです。

「考える」力は限られていても、かれらの行為によって、またその言葉によってさえも、イエスのために働いている知的障碍のクリスチャンがいます。私たちが機会を準備するなら、かれらは教会の中で現実に貢献することができるのです。私たちはかれらのためにもうひとつ、「幸いの言葉」をつけ加えることができるかもしれません。

知的障碍を持つ人たちは幸いだ。　Blessed are the mentally handicapped,
彼らはイエスの友として知られるであろう。for they shall be known as Friends of Jesus.

そのようなひとりがジョンです。彼は23歳ですが、かなりの年月療育院で過ごし、今は地域の教会が設立した住宅協会が、知的障碍を持つ成人のために建てた家に住んでいます。ジョンはまさに、「この頃あなたの教会の長椅子の隣に座っているような人」です。教会の友人のひとりが、彼について次のように語っています。

ジョンは以前は施設で暮らしていましたが、自分の生活環境について、地域の中で暮らしたいと熱心に願っていました。彼はバプテスト教会にやってきてすぐに友だちを作りました。讃美歌を歌う輪に加わり、大きな声でメロディを歌います。彼の言葉はしばしば理解するのが難しいのですが、ジョンは見て、聞いて、「正しい」と思えることをうまくするようになります。

今が何時かを言うことはできないのですが、めったに遅刻しません。ジョンは交わりの一員になりたいと願っているのです。彼は教会で始まった知的障碍を持つ成人のためのバイブルクラスに定期的に出席し、日曜礼拝を忠実に守っています。

彼はバプテスマ式の礼拝に数回出た後、牧師にこう言いました。「ぼく、次」。これは質問として語られたというよりは、信仰の宣言として表されたのでした。続いて執事たちの話し合いがあり、また知的障碍を持つ人たちのためのバイブルクラスのリーダーのうちふたりが、ジョンにキリスト教信仰の基本的な真理、バプテスマの意味、教会員としての責任などを説明しようと試みました。教会のメンバーは、ジョンのバプテスマと教会加入を受け入れました。

ジョンのバプテスマ式は、喜びに満ちた出来事でした。出席者は、バプテスマの前にジョンが歌った『主われを愛す』の讃美歌を容易に忘れることができないでしょう。

彼の特別な仕事は、教会の印刷物を日曜礼拝のために折りたたむ手伝いをすることです。彼は教会員として教会の会議に出席して責任を果たしてきました。「ぼく、木曜日に特別な会議に出なきゃならない」。彼は出席し、周りの人たちの言うことに耳を傾けることによって、そして礼拝に出席することによって、可能な限り自分の役割を果たしています。

ジョンは与えるべき多くのものを持っています。温かい人柄と朗らかな性格によって、彼は多くの人から愛されています。彼は友人や、自分を交わりへと歓迎してくれた人々の傍に次々に座ります。必ずしも友人たちの名前を覚えていることはできませんが、かれらが数週間にわたって欠席すると、心配してその消息を尋ねます。

彼は私たちの教会の交わりを豊かにしています。そしてそのことのゆえに、私たちは神さまに感謝しているのです。

注

（1） Earnest A. Bladon, *Open Wide the Gates*, Diocese of Gloucester, 1986.
（2） Rodney Clapp, 'Ckanking and Humming for Jesus,' *Christianity Today*, 13 June 1986.
（3） International Year of Disabled People Report on Disabled People in Church, 1981.
（4） Dr. Howard Williams, in a sermon on 2 November 1986.
（5） Joan Bicknell, 'Mentally Handicapped People in the Community: a challenge for the churches,' Crucible, Oct-Dec. 1983.
（6） Bryan George, *The Almond Tree: The Pastoral Care of Mentally Handicapped People*, Collins, 1987.
（7） David G. Wilson, *I Am With You*, St. Paul Publications, 1975.
（8） Earnest A. Bladon, op. cit.
（9） Frances Young, *Face to Face*, Epworth Press, 1985.
（10） Earnest A. Bladon, op. cit.
（11） 訳注：Mencapとは、王立知的障碍児者協会The Royal Society for Mentally Handicapped Children and Adultsの愛称で、Mencap Friendとは、この協会が組織している、知的障碍者をサポートするボランティアを指す。ここでは、この協会のメンバーがその教会に来ているという意味ではなく、同じ働きをするメンバーを教会が準備しているということである。

(12) Earnest A. Bladon, op. cit.
(13) Earnest A. Bladon, op. cit.
(14) 訳注：Fort Knoxは米国ケンタッキー州にある軍事要塞。合衆国金塊貯蔵所がある。
(15) 訳注：英国エディンバラ公（女王エリザベス2世の夫）によって1956年に創設された、青少年のための業績賞。若者を競わせるのではなく、自分で目標を立てて、それを達成していくのを表彰する仕組み。ブロンズ、シルバー、ゴールドの3つのレベルがある。
(16) 訳注：教会によっては採用されている教会の下部組織のひとつで、house group, home group, cell groupなど、様々な名前で呼ばれる。聖書を共に学び、親睦的な交わりをする仲間でもある。
(17) 訳注：pass the parcelは、プレゼントの入った包みを音楽に合わせて受け渡していって、音楽が止まったときに持っている子どものものになる、という単純だが楽しいゲーム。
(18) 訳注：イギリスの慈善団体。青少年の教育事業を推進している。
(19) 訳注：イギリスの湖水地方の国立公園内にある野外活動教育センター。
(20) 訳注：キリスト教書の出版団体。
(21) David G. Wilson, op. cit.
(22) Margaret Davis, *House of Joy*, private publication, 1982.
(23) 'Nothing but the Best'は、英国のコメディー映画の題名に由来する慣用句で、「最高級のもの以外お断り」という豪華主義を意味する。
(24) 訳注：カトリック教会や英国教会などでは、生後間もない嬰児に幼児洗礼をするときに、代父あるいは代母（godparent）が立てられて、本人に代わって信仰の告白をする。

(25) 訳注：英国教会では、通常の教区の聖餐は教区司祭が執行するが、堅信礼は志願者を主教座聖堂に集めて、主教が執行するならわしである。

(26) 訳注：マルコ福音書9章2－13節。

(27) 訳注：Smartieは、チョコレート粒を砂糖でコーティングした、日本のマーブルチョコそっくりのお菓子。英国で発明・発売されて全世界に広まった。商品名は複数でSmarties.

(28) 訳注：多くの教会の聖餐式では、司祭が手に持ったままの杯から、信徒は一口ずつ飲ませてもらうのが普通。

(29) 訳注：『ガラテヤ書』5章22－23節。「霊の結ぶ実は愛であり、喜び、平和、寛容（忍耐）、親切、善意、誠実、柔和、節制です」。

(30) 「世界人権宣言」Declaration of Human Rights, United Nations, 1948, Article 26.

(31) 訳注：3つのRとは、reading, writing, arithmeticという基礎教育科目をいう。

(32) Earnest A. Bladon. op. cit.

(33) 訳注：「主の祈り」はOur Father in heavenで始まる。

(34) Anne Arnott, *The Unexpected Call*, Hodder and Stoughton, 1981.

(35) 訳注：Family Communion Service。家族で礼拝に参加し、順番に家族単位で聖餐にあずかることを中心にした礼拝。バラバラになりがちな現代の家族をもう一度つなぎ合わせる試みとして、多くの教会に導入された。

(36) 訳注：英国の教育制度で、小学校の最終学年（11歳）で受ける選抜試験。合格すればグラマースクールに進学できる。

（37）訳注：educationally subnormal school。知的障碍を持った人々の教育機関。
（38）*Christianity Today*, 13 June 1986, loc. cit.
（39）訳注：列王記上19章11－12節。
（40）Ernest A. Bladon, op. cit.
（41）ヨハネ3章16節。
（42）コロサイ3章15節。
（43）エフェソ4章32節。
（44）ヨハネ14章6節。ヨハネ8章12節。
（45）エフェソ2章19節。
（46）ヨハネ1章43節など。
（47）'No sense, no feeling? They may not think as clearly but they feel as deeply.'
（48）訳注：「しゅろの日曜」（Palm Sunday）とは、十字架の金曜日を含む、復活祭の1週間前の日曜日。受難週主日。
（49）Magaret Davies, op. cit.
（50）Maureen Oswin, *Bereavement and Mentally Handicapped People*, King's Fund Centre, 126 Albert Street, London NW1 7NF, 1981.
（51）訳注：ジャン・バニエ Jean Vanier によって創設された、知的障碍を持つ人と持たない人が一緒に暮らす共同体。１９６４年に始まり、世界35か国に147の共同体がある。
（52）訳注：英語の「主われを愛す」（Jesus loves me!）という子ども讃美歌の最終節は以下のとお

りである。Jesus loves me! He will stay, / Close beside me all the way; / He's prepared a Home for me. / And some day His face I will see.（主われを愛す、彼はいつも私の近くにおられる。彼は天国を私のために準備なさった。そしていつの日か私は彼にまみえるだろう）。

(53) 訳注：マタイによる福音書5章8節「心の清い人々は、幸いである。その人たちは神を見る」。

(54) 訳注：マタイ福音書5章の「山上の説教」に含まれる「幸いの言葉」に倣ったもの。

(55) 訳注：ワーズワースの詩の一節。「現世《うつしよ》にかくまで美しきものはなし、／いとも気高《けだか》き心うつこの光景《ながめ》に、／心ひかれざる人は魂の鈍《にぶ》れるもの」（「ウェストミンスター橋上にて」田部重治訳）。

(56) 訳注：バプテスト教会には「幼児洗礼」はなく、その代り生後間もない幼児には「献児式」をする。また多くの場合青年期にバプテスマ式を行い、「堅信礼」はない。

(57) 訳注：Home Farm Trust は英国の福祉施設で、学習困難の障碍者を対象にしている。

(58) 訳注：George Herbert 1593-1633 は英国の讃美歌作家で、英国教会の司祭。引用は The Elixir と題された詩の一節。

(59) 訳注：マルコによる福音書12章41－44節。

(60) 訳注：ＢＢＣで放送している世界最長寿（１９５８年～）の子ども向けテレビ番組。

(61) 訳注：キリスト教精神にもとづく国際的な貧困対策基金。

訳者解説

本書は、Faith Bowers, *Who's This Sitting In My Pew? Mentally handicapped people in the church* (Triangle/SPCK, 1988) の全訳です。原題を直訳すれば、「この私の長椅子（教会の礼拝堂にある長椅子）に座っているのはだれ？　教会における知的障碍者」となるでしょうか。

著者紹介と翻訳に至る経緯

著者のフェイス・バウアーズについては、原書ではこのように紹介されています。

フェイス・バウアーズは、（ロンドンの）クロイドンで生まれ、グロスターシャー州のストラウドで育った。彼女とその家族は、この本で明らかに主役を演じている息子のリチャードも含めて、今はロンドン南部に住んでおり、ブルームズベリー・セントラル・バプテスト教会の会員である。

彼女は、（英国）バプテスト同盟の理事会メンバーであり、英国教会協議会のバプテスト派代表である。１９８３年から彼女は、バプテスト同盟において、知的障碍者に関わる作業チームを招集し、同連盟の教会は、彼女の編集責任の下に、「愛が純粋であるように（Let Love be Genuine）」というガイドブックを発行した。彼女はまた、ＣＨＡＤ委員会（障碍に対する教会の取り組み Church Action on Disability についての委員会）でも働いている。

訳者の一人である加藤は、本書と、西南学院大学大学院で修士論文の準備をしている時に出会いました。その論文のテーマは、「知的障碍者のバプテスマについて」というものでした。キリスト教会では、人がクリスチャンになる際、通常バプテスマ（洗礼）を受けます。その際、同時に自覚的な信仰告白つまり「私はイエス・キリストを私の主、救い主と信じます」という宣言が必要とされるのです。私が属しているバプテスト教会のように幼児洗礼をしないところはもちろん、幼児洗礼を行う教派でも、「自覚的に考え決断することが可能とされる年齢」に達すると「堅信礼」あるいは「堅信式」という儀式を行い、その中で告白をして初めて、ミサまたは聖餐式を受けることができるということが一般的です。つまり、そこで初めて、「一人前のクリスチャン」と認められるわけです。ところが、一般的・常識的に「知性的に宗教の教理を理解し、自覚的に信仰を告白することが困難である」とされる知的障碍者は、そうした信仰告白ないしは堅信礼をおこなうことができるか、が大きな問題となるわけです。

このテーマについて考えながらそのいとぐちを探っていたとき、訳者はこの本とその著者バウアーズに出会い、少なからず驚いたものでした。「自覚的信仰告白」を「看板」にするバプテスト、しかも「本家バプテスト」とも言うべき英国のバプテスト教会で、そうした障碍を負う人たちを積極的に教会に受け入れ、しかも対等な信仰の仲間として迎え入れているという実践が行なわれているということに驚かされたのです。さらにこのバウアーズ氏は、当時英国のバプテスト教会で指導的立場に立つ信徒であり、理論的・組織的にこの運動を進めているというのです。これは、読んでみないという手はありません。

そこで読み進めていったところ、大変良き刺激や示唆、また問いかけを受けました。その末に、こうして本書を日本語に訳し、皆さんに紹介するところまで来たわけです。

本書の構成と要点

次に簡単に、本書の構成とそこで語られているバウアーズやその仲間たちの考えや実践をご紹介します。

第1章　知的障碍者の状況は変わってきた。

著者の母国英国において、本書執筆当時までで、知的障碍者と呼ばれている人たちへの視点や扱いが大きく変わってきたことを語っています。その変化のキーワードは、「施設から地域社会へ」ということです。また、知的障碍者であっても、適切な機会と場、また方法が与えられれば、学習や労働などにおいて、大きな前進が見られるのだ、という認識に変わってきたのです。これは、日本にもおいても共通のものがあると思います。また、英国でも、その後さらなる変化が起こっているはずです。

第2章　教会へのチャレンジ

そのような社会の変化が、社会の中にあるキリスト教会や、クリスチャンたちにとっても、大きなチャレンジとなってきていること、教会もまた先入観や偏見に囚われていて、障碍を持つ人たちに正しく出会うことが困難であることを述べ、しかしそれは教会に委ねられた使命と課題であることを力説しています。与えられた出会いの中で、その相手を正しく知り、「あわれみを越えて」尊敬をもって出会うこと、共に礼拝するのを助けること、家族を支えること、そして支援者を支えることなどが求められているのです。

第3章　教会のニューフェイス

「では、実際に障碍を持つ人たちを、どのように教会に迎え入れたらよいのか」について、豊富な実例を紹介しながら、語っています。その子が赤ちゃんとして生まれ、子どもとして成長し、ティーン・エイジャーとなり、さらには成人となるまで、教会はそれぞれの時期にどのように関わったらよいのかが、具体的に述べられています。その中でも大切なのは、思い込みから自由にされることです。

「われわれの礼拝の大部分はかれらには理解不能で、したがって退屈だ、と安易に考えがちです。……私たちはおそらく、かれらにとっての退屈さの基準を、自分たちの基準で計ってしまっているのです。理解できない「退屈」な言葉にさらされることはかれらの生活の大きな部分なので、そういう障碍のない人が想像するほど、かれらにとって困ったことでないということは、大いにありうることです。」（86ページ）

第4章　教会はかれらのために何ができるか？

そのようにして迎え入れた人たちに向けて、教会がなし得る奉仕や働きかけについてさらに述べます。ここで重要なことは、「何ができるか」よりも、かれらを「どう見るか」、一人の人間、神の前に尊厳と、そして罪をも持った現実の人間として見、出会い、接するのか、が問われているのです。

このエピソードは衝撃的です。

「マーティンは、知的にも身体的にも重い障碍を持っています。……ある日のこと、司祭が母親を呼び止め、彼女と語らい、動けないで横たわっている少年にほほえみかけました。……『ああ、それでもプライスさん、少なくともあなたはマーティンには完全に罪がないことを知って慰められますね』。すると突然、マーティンが思い切り大きな声と身振りとで興奮を表しました。母親は彼の興奮を静められませんでした。次第に彼女は、マーティンが、司祭の意見かあるいは彼女の緊張した反応に、何かを感じ取ったのだと信じるようになりました。マーティンのこの怒りは、人間には罪を犯す力があるという主張ではないだろうか。」（110ページ）

第5章　かれらはイエスについて学ぶことができるか？

そして、教会生活の核心部分である、信仰の告白とバプテスマ（洗礼）、そして教会員として教会に加入する、ということに至ります。その前提として、この人たちが、どのようにして、どれほど「イエスについて学ぶことができるか」が問われるのです。

この問題についても、「かれらは理解力において劣っている」というのは思い込みであり、偏見であることがわかります。

「実際かれらは、頭のいい人々が理性や科学に基づいて考えるようなハードルと格闘する必要はありません。かれらの多くは、神が主権的に臨在しておられるという思いに平安を感じ、イエスの中に自分たちを本当にわかってくれる友を見出すのです。……これは、障碍を持つクリスチャンたちの単純な信仰と信頼が、知的には能力のあるはずの信仰者たちの疑いや不安をしばしば恥じ入らせる領域なのです。」（160～161ページ）

また、いかに、だれが教えることができるのかについても、具体的・実践的に解説しています。

第6章　かれらは教会のために何ができるか？

この部分が、この本の最も大切な箇所とさえ言えるかもしれません。「教会がかれらに対して何ができるか」、「かれらをいかに教え、いかに教会に招き入れるか」を越えて、「これら障碍を負う人たちが、正規の教会メンバーとなり、教会の一員としての責任と働きを果たす」ということが十分可能であり、ここまでのことが教会に問われているのです。「障碍を持つ人々は、単なる『親切の受け手』以上の者となることができます。忍耐強い援助と励ましとによって、かれらの多くは教会生活において活動的で有益な役割を果たすことができるのです」。(200ページ)

ここでも、私たち多くの者の考えと価値観は覆され、広げられなければなりません。

「時にはかれらは活動範囲を広げ、完全に予想外のことをするのに成功して、私たちを驚かせるのです。キリストは私たちすべてに、当たり前と思っていることの向こうにあるものを見よと呼びかけておられます。私たちは、かれらの賜物を受け入れることに開かれている必要があります。それはかれらにとって意味あることであると同時に、教会もかれらから益を受けることができるからです。」(202ページ)

全体を通して、具体的・実践的示唆にあふれ、また信仰的・神学的にも多くのことを、豊かに問われることのできる書物であると思います。それは、「障碍者をどのように受け入れるか」ということをはるかに越えて、「私たちの信仰とは何か」「教会とは何であり、どうあるべきか」ということまでを根本から問い直させ、新たに言い表すことへと私たちを促すものであると思います。

ただ、著者や本書に対して批判的問いかけをしたいと思われるところはあります。それは、最も障碍の程度が重いとされる重度心身障碍児（者）についての捉え方や考え方です。たとえば、「もっと重度のしばしば多重の障碍を持っている人たちについては、ひきつづき考える必要がありましょう。この人たちはこれからも、かれらをケアする人々と、そしておそらくかれらを助けるために足を運ぶわずかな友人にだけ知られていることになるでしょう」（28～29ページ）と語られています。また66ページ以下にも、同様の記述があります。「施設から地域へ」という社会の流れを歓迎しそれを促進しようとしつつも、「最重度」とされる人々については、「やはりかれらは施設に留まり続ける」との判断や見通しをしているのだと思われます。「ノーマライゼーション」と言うならば、本来それは「誰にとっても」であり、「最重度」の人たちもまた何の不都合も不自由もなく地域社会で暮らしていけるようになることを目指すべきではないでしょうか。しかしこの問題は、私たちの時代・社会においても決してまだ解決をすることができていない事柄です。その意味で、これは著者への批判というより、今の私たちになお与えられている問いかけであり、課題であるというべきでしょう。

その後の英国の状況

本書は1988年に英国で出版されました。それから、およそ30年が経っているわけです。この間に、同国で障碍者を取り巻く状況はどう変化してきたのでしょうか。20世紀後半からの経過と状況について、小川喜道氏は次のように要約しています。

1950年代後半から、地域を基盤にしたサービスの広がりが見られ、隔離した施設で生活する人々を減らしていくよう政府の試みが続いてきました。――地域を基盤にしたサービスへの移行は、1961年により決定的な展開を見せました。その年は、政府が精神病院のベッド数を半分にする決定を表明しています。この変化の背景にある動機は人道主義というより経済的な理由であるとする批判もありますが、いずれにしても大規模病院が患者に対して自宅や生活施設で暮らせるようサービスを行うべきであるとしています。また、1962年に保健省が「病院計画」(Hospital Plan)を発表し、1年後の「保健と福祉:コミュニティケアの発展」(Health and Welfare: The Development of Community Care)に引き継がれています。こうして、いわゆる「ゆりかごから墓場まで」という福祉は、この1960年代に築かれたと言われています。

地域レベルでの社会サービスの供給を発展させ、合理化する努力として、政府は調査委員会を設置し、その結果が1968年に発行されました。いわゆる「シーボーム報告」(Seebohm Report) は一般的に障害者のための地域を基盤にしたサービスの発展における転機と考えられています。——これらの勧告は、後に、1970年自治体法と1970年慢性疾患および障害者法に具体化されます。そして、社会サービス部の確立にただちにつながっていきました。

この新しい部門は障害者のための社会サービスに責任を持ちます。これらはソーシャルワーカー、作業療法士、住まいとデイセンターの施設、休暇、食事の宅配、レスパイト・サービス、そして障害のための補装具の提供や住宅改造が含まれています。

明らかにこの積極的な拡張の結果は、障害者の大多数がサービスを利用でき、全体的によりよいサービスをもっていました。そして、隔離された施設に委ねられていた第二次大戦前よりもよくなっています。一方、障害者は無力で自分自身では決定できなく、彼らが必要なサービスや援助を自分のために選べない人であるという仮定に基づいているものだ、と障害者団体は批判しています。これは、専門家とサービス提供者のおおかたは、障害を個人的なレベルに原因があるとし、また医療に影響された障害の定義を支持しているということです。

(小川喜道氏による、http://www.rm.kanagawa-it.ac.jp/~ogawa/)

このような進展は、本書が述べている社会の動きと連動していると思われます。

また、1994年に「障害者差別禁止法」が、2010年には「平等法」が、それぞれ制定されました。「障害者差別禁止法」は、同法の定義により「障害者」とみなされた人に関して、①雇用と労働、②商品・設備・サービスの提供、③公共交通などの場面で、差別的取り扱いを禁じ、妥当な調整を行うことを義務付けるものです。これは、80年代後半から90年代前半にかけて、障碍者とかれらに共感・連帯する人々（国会議員を含む）によって何度も提起・提案された、包括的な障碍者人権法案に対して、当時の保守党政権がこれをつぶし、その代わりに成立させたものです。同法について、障碍者に協力する議員によって、「錯綜して紛らわしく曖昧で分かりにくい例外規定により穴だからけであり、規則というよりもむしろザルである」と批判されていたそうです（以上、一般財団法人自治体国際化協会ロンドン事務所発行『イギリスの障害者制度改革——障害者差別禁止法と民間組織運動』による）。

また、後に成立した「平等法」は、他の種々の差別を禁止・解消する法律をまとめ、その中に障碍者の事柄も含めて規定した包括的な法律であると言われます。これは、先の「障害者差別禁止法」よりも若干進んだ内容を持ち、「障害差別を被っているのに法的保護を受けられない者たちの範囲をより狭くできる」ものである、との評価を受けています（以上、川島聡「英国平等法における障害者差別禁止と日本への示唆」、『大原社会問題研究所雑誌』641号所収、による）。

「完璧な制度や社会」というものがありえないことは確かですが、私の印象としては、イギリス社会は日本と比較すると数段進んでいるように感じ取れました。それは、「施設から地域へ」ということにかなりまともに取り組もうとしていること、障碍者当事者の要望・決定というものをできる限り尊重しようとする考え方や制度がより発達していると見られること、などによります。

ただこのような政治的・法的・社会的取り組みがなされつつも、実際は様々な問題が解決されないまま残っていることも推測されます。

・過去には保守党政権のもとで、現在は政権を問わず新自由主義的な思想と政策のもとで、障碍者への差別を抑制・禁止し、その権利を拡充しようとする動きに対して、様々な抵抗や妨害が顕著に見られること。

・全般としては、進展や拡充が見られるものの、障碍者当事者や協力者たちからは、「障碍者は無力で自分自身では決定できなく、彼らが必要なサービスや援助を自分のために選べない人であるという仮定に基づいているものだ」、あるいは「専門家は、障碍者に対して、学校の家庭科の時間に教えるような内容にこだわっていて、〝障碍をもっている社会〟に注目していない」「現実には障碍者は家にこもっていたり、受け身の生活をしている」「政策決定に障碍者の参加を、と言われているが、現実的には十分に入り込んではいない」「私の家の門を一歩出たところに、社会の態度という大きな壁がある」との批判があること。（小川喜道氏による）

・また、現実の政策と社会の中で、保護を受けることなく、著しく権利を侵害され、時には命すらも脅かされているという事例が報告されていること。

(http://www.labornetjp.org/worldnews/korea/intl/1459881622352Staff, http://calumslist.org)

そのような社会の中で生き、そこからも影響を受けざるを得ない教会においても、共通する課題があると思われます。そうした意味で、本書は今なおその問いかけと示唆の価値を失っていないと言ってよいのではないでしょうか。

日本の社会および教会

ひるがえって、私たちの日本社会ではどうでしょうか。

国連で「障害者権利条約」が２００６年に採択され、それが２０１４年に日本でも批准されました。これは、障碍に関するあらゆる差別を禁止するとともに必要な配慮の提供を求めるもので、日本でも、国際社会の流れと要請に基づく、制度の改定と社会の改善とを実行していくことが求められるようになりました。

しかし実際の日本社会では、それとは逆行するような政治と社会の動きを認めざるを得ません。その大きな画期は、２００５年の「障害者自立支援法」の制定です。多くの障碍者当事者やその支援者などが指摘・批判しているように、この法律はその名とは裏腹に、むしろ障碍者の自立を「阻害」するものであると言われています。その主要な批判点は次の通りです。

①支援サービスの利用について、従来の応能負担から原則一律応益負担とされたこと。これにより、ほとんどの利用者において負担が増大し、特に多くの支援を必要とする重度の障碍者ほど負担が重くなる傾向となったこと。

②負担の算定に当たり、障碍者当事者だけでなく、その扶養義務者（親等）の所得をも含めることとしたこと。これにより、障碍者当事者は、ますます親等に依存しなければならない度合いが強まり、「自立」とは程遠くなること。

③提供されるサービスの内容・種類が、当事者の必要や要望に基づいて個別に決められるものではなく、行政が定めた枠のどこかに当てはめて決定されるという傾向を強く持つこと。これにより、「障害者権利条約」が求める「障害のある人が、他の者との平等を基礎として、居住地及びどこで誰と生活するかを選択する機会を有すること、並びに特定の生活様式で生活するよう義務づけられないこと。」（第19条（a））の実現がより困難となること。

このような状況を踏まえて、２００８年「障害者自立支援法違憲訴訟」が起こされました。その後、原告団と国とは、２００９年和解を行い、基本合意を交わしました。これに基いて新法を作ることを約束したのです。ところが、政府は２０１３年に、ほぼ名前を変えただけの「障害者総合支援法」を制定し、さらに3年後の2016年その改定を行いました。これらは、「障害者自立支援法違憲訴訟団と国とのあいだで交わされた『基本合意』や、内閣府に設置された障がい者制度改革推進会議が2011年8月にまとめた『骨格提言』をまったくと言っていいほど反映していない。そして、同法の附則に規定された3年後の見直しにあたる今回の改定にあたっても、『基本合意』や『骨格提言』がまたもや無視され、障害のある国民と政府との約束が完全に裏切られ、むしろ遠のいた感さえするのである。」と表現されるような内容であるということです（きょうされん「（声明）改定障害者総合支援法の成立にあたって」より）。

その後、「障害を理由とする差別の解消の推進に関する法律」（略称「障害者差別解消法」）が2013年に制定され、16年に施行されました。今後の社会の動向が注目されます。

ではキリスト教会はどうでしょうか。他の分野と同じく教会は、そのような日本社会に対して、キリストにある有効な「対抗文化」を打ち出し、発信することができているとは、なかなか言いにくい状態なのではないでしょうか。

けれどもまた、そんな中にあっても、少しずつでも、障碍者を「キリストにある一人の人」として見、受け入れ、共に生きようとするキリスト者や教会の実践もまた見られます。

訳者たちが所属する日本バプテスト連盟の教会においても、1992年に、「『口で告白できない人たち』の信仰告白・バプテスマに関する答申」が出されました。そこでは、「教会の交わりもまた、その人たちと共にあることによって、向こう側から打ち破って迫り来る神の国の現実に触れ豊かにされている。そこでは、告白の可能性が失われているという私たちの思い込みをこえて、存在全体から発せられる告白が人を突き動かしている」と宣言されています。実際に、連盟に連なる一つの教会において、重度の心身障碍を持つ方が、「代弁」による信仰告白に基いてバプテスマを受けて教会員となった出来事がありました。また、私ごとながら、私の娘も知的な障碍を負っているとされているのですが、「問答形式」による信仰告白に基いてバプテスマを受け、クリスチャンとなることがゆるされました。

こうして障碍を持つ人たちとキリストにあって共に生きようとする教会の実践が少しずつ積み重ねられてきているのですが、まだまだ十分とは言えません。このような時代・社会にあって、ますます私たち教会の見方・考え方そして行動の仕方が大きく問われているのではないでしょうか。そんな私たちに向かって根源的に問いかけつつ、具体的に道を示す点において、いまだ本書は、その存在意義と価値を失っていないと言えます。

訳語・用語について

訳語について一言します。特に迷ったのは、「they」の訳語です。近年「包括的言語」の使用が勧められ、女性や男性などの様々な性の人たちを包括的に「彼ら／彼女ら」というふうに呼ぶことが試みられています。いろいろと考えました結果、「かれら」とひらがなで表記することにしました。これには、「性差を問わず第三人称で呼ばれる複数の人々のまとまりをぼんやりと表す言葉」という意味を込めています。それでも、この「かれら」が頻繁に現われ、読みにくさを覚えられるかもしれません。ご勘弁ください。

また、いわゆる「障害者」をどのように言い表すべきかについても、立場と表現が定まっていないことを告白せざるを得ません。それは訳者特に加藤の未熟さと、ご勘弁ください。訳者同士で話し合った結果、現在最も一般的であると思われる「障碍者」をいう表記を選ぶことにしました。それでも、他の表現・表記に留まったところもあります。統一感に欠けるかもしれませんが、それは訳者、特に加藤の「揺れ」の表れと寛容に受け止めてくだされば、幸いです。

実際の訳業は、下訳を加藤が行い、不明な箇所また全体の文章について片山寛先生からご示唆とご教示をいただきました。大学院の学びの頃からの、片山先生のお導きに心から感謝をささげる次第です。

最後に、この書物に出会うまでに、また出会う中で、さらにその後も、様々な形で私に問いかけ、教えて下さった方々、特に障碍を負う方々に心からの感謝を申し上げたいと思います。

2017年1月

加藤英治

参考文献

・小川喜道『障害者のエンパワーメント　イギリスの障害者福祉』明石書店、１９９８年
・小川喜道『障害者の自立支援とパーソナル・アシスタンス、ダイレクト・ペイメント――英国障害者福祉の変革』明石書店、２００５年
・ＤＰＩ日本会議『問題てんこもり　障害者自立支援法　地域の暮らし、あきらめない』解放出版社、２００７年
・岡部耕典『ポスト障害者自立支援法の福祉政策　生活の自立とケアの自律を求めて』明石書店、２０１０年
・伊藤周平『障害者自立支援法と権利保障　高齢者・障害者総合福祉法に向けて』明石書店、２００９年

著者 フェイス・バウアーズ（Faith Bowers）
著者はロンドンのブルームズベリー・セントラル・バプテスト教会の会員で、英国バプテスト教会の理事などを務めた。ダウン症の息子をもつ母。

訳者
片山　寛（かたやま・ひろし）
1951年高知県室戸市生まれ。西南学院大学、九州大学、ミュンヘン大学で学び、1992年より西南女学院短期大学助教授、2003年より西南学院大学神学部教授。教理史を中心に教えている。和白バプテスト教会協力牧師。文学博士。

加藤英治（かとう・えいじ）
1965年名古屋に生まれる。西南学院大学神学部神学専攻科を修了後、日本バプテスト連盟の直方、高崎、姪浜の各教会で牧師を務める。姪浜教会在任中に、西南学院大学大学院神学研究科博士前期課程に学ぶ。同課程を修了。現在は、日本バプテスト四日市教会牧師。

知的障碍者と教会
驚きを与える友人たち

2017年2月15日　第1版第1刷発行

著　者……フェイス・バウアーズ
編　者……片山　寛、加藤英治

発行者……小林　望
発行所……株式会社新教出版社
〒162-0814 東京都新宿区新小川町9-1
電話（代表）03 (3260) 6148
振替 00180-1-9991

印刷・製本……モリモト印刷株式会社

ISBN 978-4-400-40741-6　C1016　2017 ©

全国キリスト者障害者団体協議会編
喜びのいのち
出生前診断をめぐって
医療技術の先端で起こる生命操作の事態の中に、人間の傲慢を察知し、その問題点に障害の苦難の経験から問いを発した貴重な研究と発言。四六判　２２００円

クドウあや 絵と文
せいなるよるのたからもの
出生前診断の結果に揺れる両親の苦悩と決断を通して、共に生きる喜びを描く。いのちの意味を考えるクリスマス絵本。解説＝玉井邦夫　Ｂ５判　１３００円

久山療育園編著
寺園喜基編
ひびきあういのち
重症児者神学への道
身辺自立できない重複障害を負う重症児者たちと共に歩んできた久山療育園の25年。新しい福祉文化を創造する信仰と神学の冒険がここに。Ａ５判　２１００円

土井健司編
自死と遺族とキリスト教
「断罪」から「慰め」へ、「禁止」から「予防」へ
自死予防の最前線、自死者の葬儀、遺族の悲嘆に寄り添う人々、さらにキリスト教における自死の意味を問う者らが共同研究を行った成果。四六判　２６００円

カー夫妻
川越敏司訳
自殺者の遺族として生きる
キリスト教的視点
義理の娘を自殺で失った夫妻が、その喪のプロセスを克明に記録。また「自殺は大罪」という神学を克服し、遺族に真の慰めを与える。四六判　２０００円

Ｋ・ラマー
浅見・吉田訳
悲しみに寄り添う
死別と悲哀の心理学
死別に伴う悲哀反応の様々なかたちを考察。援助者がなすべき寄り添い方を丁寧に説明する。ドイツの神学校等で定評ある教科書。四六判　１８００円